A GESTÃO DE RISCOS NA PRÁTICA

Conceitos, desafios e resultados no Estado de Goiás

HENRIQUE MORAES ZILLER
MARA NUNES SILVA BORGES
LUÍS HENRIQUE CRISPIM
ADRIANO ABREU DE CASTRO

Prefácio
Fabrício Motta

Apresentação
Ronaldo Ramos Caiado

A GESTÃO DE RISCOS NA PRÁTICA

Conceitos, desafios e resultados no Estado de Goiás

Belo Horizonte

2023

FÓRUM
CONHECIMENTO JURÍDICO

Luís Cláudio Rodrigues Ferreira
Presidente e Editor

Coordenação editorial: Leonardo Eustáquio Siqueira Araújo
Aline Sobreira de Oliveira

Rua Paulo Ribeiro Bastos, 211 – Jardim Atlântico – CEP 31710-430
Belo Horizonte – Minas Gerais – Tel.: (31) 99412.0131
www.editoraforum.com.br – editoraforum@editoraforum.com.br

Técnica. Empenho. Zelo. Esses foram alguns dos cuidados aplicados na edição desta obra. No entanto, podem ocorrer erros de impressão, digitação ou mesmo restar alguma dúvida conceitual. Caso se constate algo assim, solicitamos a gentileza de nos comunicar através do *e-mail* editorial@editoraforum.com.br para que possamos esclarecer, no que couber. A sua contribuição é muito importante para mantermos a excelência editorial. A Editora Fórum agradece a sua contribuição.

Dados Internacionais de Catalogação na Publicação (CIP) de acordo com ISBD

G393 A gestão de riscos na prática: conceitos, desafios e resultados no Estado de Goiás / Henrique Moraes Ziller ... [et al.]. - Belo Horizonte : Fórum, 2023.
219 p. ; 14,5cm x 21,5cm.

ISBN: 978-65-5518-494-5

1. Direito. 2. Programa de Compliance Público. 3. Gestão de Riscos. 4. Integridade. 5. Auditoria Interna. 6. Administração Pública. 7. Controle Interno. 8. Gestão Pública. 9. Governança Pública. I. Ziller, Henrique Moraes. II. Borges, Mara Nunes Silva. III. Crispim, Luís Henrique. IV. Castro, Adriano Abreu de. V. Título.

CDD: 340
CDU: 34

2022-3511

Elaborado por Vagner Rodolfo da Silva – CRB-8/9410

Informação bibliográfica deste livro, conforme a NBR 6023:2018 da Associação Brasileira de Normas Técnicas (ABNT):

ZILLER, Henrique Moraes; BORGES, Mara Nunes Silva; CRISPIM, Luís Henrique; CASTRO, Adriano Abreu de. *A gestão de riscos na prática*: conceitos, desafios e resultados no Estado de Goiás. Belo Horizonte: Fórum, 2023. 219 p. ISBN 978-65-5518-494-5.

DEDICATÓRIA

Há alguns meses eu estive em reunião no Salão Dona Gercina Borges Teixeira do Palácio das Esmeraldas, com o governador e o secretariado do estado. Estava presente, também, Ronaldo Ramos Caiado Filho. Ao final do encontro, ele veio falar comigo sobre o Programa de *Compliance* do Poder Executivo do Estado de Goiás (PCP). Já tínhamos nos cumprimentado brevemente, antes daquele dia; naquele momento, tivemos a oportunidade de conversar um pouco mais.

Ronaldo me fez perguntas que demonstraram que ele conhecia o assunto, e também o nosso programa. Ao final da conversa, agradeci o interesse, ao que ele respondeu: "Eu que agradeço o que você tem feito pelo estado de Goiás".

Achei gentil da parte dele fazer esse agradecimento em nome do Estado – que sensibilidade! Saí dali feliz com o reconhecimento, mas pouco comentei essa atitude nobre do Ronaldo. Pouco tempo depois o perdemos, deixando imenso vazio em todos os familiares, e em todos nós que fazemos parte deste Governo.

Há alguns dias estive presente à missa de sétimo dia em memória do Ronaldo. Foi um momento de grande tristeza e emoção. Os lindos testemunhos de suas irmãs, mãe e pai compuseram um belo relato da pessoa tão especial que ele foi.

Minha homenagem pessoal ao Ronaldo, e também dos demais autores, procura reconhecer não só a pessoa dele, por todas suas qualidades e, em particular, por seu interesse com a qualificação da gestão pública e do gasto público, demonstrado naquela conversa; mas, também, reconhecer e homenagear seu pai, Governador Ronaldo Caiado, que é ao mesmo tempo pai e líder de tantas realizações do Governo do estado, entre elas o PCP.

Este livro é, portanto, dedicado a Ronaldo Ramos Caiado Filho, *in memorian*.

Goiânia, 13.7.2022.
Henrique Moraes Ziller

AGRADECIMENTOS

Os autores agradecem aos colegas que iniciaram o desafio da implantação da gestão de riscos e aos que entraram ao longo do processo, sendo eles: Marcos Tadeu de Andrade, Stella Maris Husni Franco, Alessandra do Santos Paz Esteves Scartezini, Alline Ferreira Agapito Miranda, Celiza Fleury Flores Roriz, Djalma Resende Júnior, Ellysson Fernandes Rosa, Fernanda Cristina Batista Bernardes, Geovanni Maciel Gonçalves, Givaldo Faria da Costa, Ione Maria de Almeida Bastos, José Augusto Carneiro, José Tosta de Carvalho, Luciene Xavier Vidal, Márcia Regiane de Sousa Aleixo, Marcos Antonio Roberto Damaceno, Oldair Marinho da Fonseca, Paulo Henrique Van Thier Ferreira, Paulo Henrique Vicente de Paiva, Raphaela Pinto Ribeiro, Renato Simão Bernardes, Reneilton Brito de Abreu, Roberta dos Reis Silva, Robinson Vespúcio Vaz, Rodrigo Silva Goes, Sueil Braga Alves Filho, Tiago Vieira de Oliveira Borges, Walter de Oliveira Santos e Warley da Silva Alves.

Por fim, agradecemos especialmente ao colega Eudenisio Batista da Silva, que nos deixou precocemente em 2021. Ele foi um grande amigo, além de um servidor público que sempre apoiou a inovação e que auxiliou diretamente a estruturação do Programa de *Compliance* no estado de Goiás.

SUMÁRIO

ANEXOS

PREFÁCIO

Uma caracterização precisa do significado de Administração Pública pode ser colhida na clássica lição de Rui Cirne Lima:

> À relação jurídica que se estrutura ao influxo de uma finalidade cogente chama-se relação de administração. Na administração, o dever e a finalidade são predominantes. No domínio, a vontade é predominante. [...] A relação de administração somente se nos depara, no plano das relações jurídicas, quando a finalidade, que a atividade da administração se propõe, nos aparece defendida e protegida, pela ordem jurídica, contra o próprio agente e contra terceiros.[1]

A oposição entre administração e propriedade, por um lado, deixa clara a relevância de se considerar o administrador público como gestor de bens e interesses que não lhe são próprios ou mesmo apropriáveis, por pertencerem à coletividade. Exatamente por disciplinarem bens e interesses pertencentes à coletividade é que as regras aplicáveis à gestão pública são determinadas pelo ordenamento jurídico, sendo cogentes e indisponíveis por parte dos gestores. Essas colocações basilares em matéria de gestão e direito públicos lançam as bases para o reconhecimento da importância da gestão de riscos como instrumento para alcance das finalidades e proteção do interesse público, em sentido amplo.

A gestão de riscos é um importante instrumento cunhado para conferir operatividade à governança pública. A despeito da multiplicidade de conceitos e abordagens, é possível reconhecer que a maioria – dos conceitos e abordagens – converge no sentido de que a governança está relacionada à escolha de meios (processos) para a satisfação do interesse público, com ênfase nos seguintes valores: a) transparência das informações; b) participação, cooperação e coordenação dos atores na ação pública, englobando, inclusive, a sociedade

---

[1] LIMA, Ruy Cirne. *Princípios de direito administrativo*. 7. ed., rev. e reelab. por Paulo Alberto Pasqualini. São Paulo: Malheiros, 2007. p. 107.

e o mercado; c) controle dos resultados obtidos, mediante avaliação e monitoramento, como forma de otimização da gestão e responsabilidade do agente. Gomes Canotilho trata da boa governança dos recursos públicos como instrumento importante para a otimização dos direitos sociais, sendo ligada à condução responsável dos assuntos estatais em todas as esferas (Executivo, Legislativo e Judiciário) e conectada com governabilidade, *accountability* e legitimação.[2] Desta forma, a despeito da definição normativa de valor público,[3] não parece existir sentido em afastar qualquer acepção da necessária realização dos direitos fundamentais e busca dos objetivos da República, ambos estabelecidos de forma cogente pela Constituição da República. Governança envolve responsabilidade na condução dos assuntos do Estado e qualidade na execução de suas competências administrativas, aproximando-se – mais uma vez, em sentido amplo – do que costuma ser singelamente referido como "boa administração". A referência à qualidade, singelamente, envolve a capacidade para identificar adequadamente as demandas sociais, planejar os meios necessários e adequados para atender-lhes e conseguir executá-los com eficiência, eficácia e economicidade.

Como asseverado, a gestão de riscos deve ser enfocada em seu caráter instrumental, isto é, como ferramenta de governança vocacionada ao alcance de objetivos determinados. Trata-se de instrumento que conduz a Administração a identificar e proteger valores indispensáveis à coletividade, impondo o dever de gerir de forma eficaz os riscos que possam comprometer o interesse público em suas diversas manifestações. A gestão de riscos envolve, entre outras questões, a identificação de possíveis causas, estimativa de efeitos e seus impactos e ainda a propositura de medidas preventivas e corretivas. Identificar, prevenir, redirecionar, corrigir – a aparente singeleza desses verbos não esconde às dificuldades reais desse processo na Administração Pública, notadamente em estruturas sedimentadas sob um histórico patrimonialista e marcadas por processos e rotinas ainda marcados pela cultura burocrática.

---

[2] CANOTILHO, J. J. Gomes. *"Brancosos" e interconstitucionalidade* – Itinerários dos discursos sobre a historicidade constitucional. Coimbra: Almedina, 2006.

[3] Decreto nº 9.203/17, art. 2º, II: "valor público – produtos e resultados gerados, preservados ou entregues pelas atividades de uma organização que representem respostas efetivas e úteis às necessidades ou às demandas de interesse público e modifiquem aspectos do conjunto da sociedade ou de alguns grupos específicos reconhecidos como destinatários legítimos de bens e serviços públicos".

A obra que tenho a honra de prefaciar se insere nesse cenário complexo de mudança de cultura, institucionalização de novas rotinas e proteção dos bens e interesses públicos. O presente livro é um verdadeiro manual de gestão de riscos, retratando a experiência implantada no Poder Executivo do Estado de Goiás pela Controladoria-Geral do Estado como parte do Programa de *Compliance* Público. A obra não se resume, entretanto, a um mero relato de ocorrências: a correta exposição de conceitos, o detalhado fundamento em estudos e normas referenciais (nacionais e internacionais) e o relato preliminar de resultados fazem com que este livro seja indicado para aperfeiçoamento de estudos e, sobretudo, para amparar novas experiências de gestão de riscos na Administração Pública. Nesse sentido, a vocação para servir de seguro guia prático-profissional é reforçada pela profundidade de pesquisa acadêmica.

Na conhecida lição de Nassim Taleb,[4] o mecanismo de transferir riscos impede a aprendizagem, pois não há evolução sem que se arrisque a própria pele. O estudo apresentado possui o mérito confesso de reconhecer as dificuldades de se conseguir, em pouco tempo, mudança incremental na gestão pública em pouco espaço de tempo. Por outro lado, não há qualquer resistência dos autores em desnudar as dificuldades enfrentadas pelo programa e em se mostrar abertos às críticas e aperfeiçoamentos possíveis. Nesse particular, utilizando a máxima de Taleb, posso afirmar que não há receio dos autores em se arriscar para consolidar e aprimorar a gestão de riscos na Administração Pública.

Estas breves palavras possuem o objetivo de ressaltar a relevância e utilidade do livro escrito por Adriano Abreu de Castro, Henrique Moraes Ziller, Luís Henrique Crispim e Mara Nunes da Silva. É importante reconhecer não somente a iniciativa relatada na obra, como também registrar o decisivo respaldo dado pelo Governo do Estado de Goiás, na pessoa do Governador Ronaldo Caiado, pois sem a decisão e o firme direcionamento político-administrativo não haveria programa a ser aplicado, monitorado e agora compartilhado com a sociedade e com as comunidades acadêmica e profissional. Que o leitor e a leitora possam enxergar esta obra como uma contribuição para que a gestão de riscos seja um instrumento realista quanto ao que precisa e efetivamente

---

[4] TALEB, Nassim Nicholas. *A lógica do cisne negro*: o impacto do altamente improvável. São Paulo: Best Seller, 2018.

pode ser feito na qualificação da gestão pública e para a proteção dos interesses públicos.

Goiânia, julho de 2022.

Fabrício Motta
Professor do Programa de Pós-Graduação em Direito e Políticas Públicas da Universidade Federal de Goiás. Conselheiro do Tribunal de Contas dos Municípios do Estado de Goiás (TCM-GO). Estágio Pós-Doutoral na Università del Salento (Itália). Doutor em Direito do Estado (USP). Mestre em Direito Administrativo (UFMG). Membro nato do Instituto Brasileiro de Direito Administrativo (IBDA).

A gestão de riscos é uma ferramenta que tem sido amplamente recomendada tanto pelas organizações internacionais quanto pelas boas práticas de governança, uma vez que visa garantir que a entidade atinja suas finalidades, seus objetivos. Nesse sentido, ao implementar essa ferramenta nos seus processos e estruturas, é fundamental que a Administração Pública adote um referencial reconhecido e testado nas organizações.

Ao estruturar o Programa de *Compliance* Público (PCP), notadamente o eixo Gestão de Riscos, o Poder Executivo do Estado de Goiás elegeu como principais referências as Normas Internacionais ISO 31000:2018,[5] ISO 31010:2012,[6] COSO ERM – 2007 e 2017[7] e COSO Controle Interno – Estrutura Integrada – 2013,[8] sendo que a primeira se tornou o principal instrumento utilizado.

Um dos fundamentos da ISO 31000:2018 é que a gestão de riscos induz a organização a criar e proteger valor. Para garantir o atendimento deste princípio, a gestão de riscos precisa ser implementada na avaliação do alcance de objetivos e metas da entidade, precisa ser levada em consideração na definição de estratégias e, acima de tudo, ser assimilada pela cultura da organização.

---

[5] A ISO 31000:2018 substitui a ISO 31000:2009 e fornece as diretrizes para o gerenciamento de riscos.

[6] A norma ABNT NBR ISO/IEC 31010:2012 fornece as técnicas para o processo de avaliação de riscos.

[7] The Committee of Sponsoring Organizations of the Treadway Commission (COSO), em tradução livre, Comitê das Organizações patrocinadoras da Comissão Treadway, publicou, em 2017, a norma "Gerenciamento de Riscos Corporativos – Estrutura Integrada" cujo objetivo foi fornecer um modelo conceitual para o gerenciamento de riscos corporativos, proporcionando as diretrizes para evolução e aprimoramento do gerenciamento de riscos e dos procedimentos para sua análise. Essa norma foi atualizada em 2017.

[8] Em 1992, o COSO publicou a obra *Controle interno – Estrutura integrada* (*Internal control – Integrated framework*), que foi atualizada em 2013. Essa obra tem como objetivo permitir que as organizações desenvolvam e mantenham, de forma eficiente e eficaz, sistemas de controle interno que possibilitem aumentar as chances de alcançar seus objetivos e adaptar-se às mudanças nos ambientes operacionais e corporativos.

Decorridos pouco mais de três anos desde a edição do Decreto nº 9.406/2019, norma que formalizou a instituição do PCP, buscou-se averiguar se há evidências que atestem o sucesso desta empreitada. Por isso, além da seção que explora a aplicação das normas mencionadas – que incluem referenciais utilizados pelo Tribunal de Contas da União (TCU) e pela Controladoria-Geral da União (CGU) –, este livro traz informações sobre o processo de implementação do PCP – narradas no formato de "desafios" – e alguns resultados alcançados que foram devidamente documentados.

O objetivo principal desta obra é auxiliar os órgãos[9] da Administração Pública estadual no processo de implantação e aprimoramento da gestão de riscos, bem como servir de orientação e referência a outros entes públicos que porventura estejam iniciando trabalho semelhante. Além da parte de natureza mais conceitual, apresenta o roteiro detalhado de cada passo tomado pelo estado de Goiás, bem como as repercussões e benefícios alcançados.

Obviamente, são orientações oriundas de uma experiência realizada em um contexto de características que nem sempre se reproduzirão em outra realidade, e que, portanto, deverão necessariamente receber adaptações para se adequar a características e contextos específicos de cada organização que as adotar.

Como já mencionado pela CGU (2018), para que se tenha um trabalho proveitoso, são necessários a disposição e o comprometimento para aprender fazendo, ou seja, aceitar cometer erros e corrigi-los ao longo do processo – como tem acontecido conosco. Assim, devem ser utilizadas estruturas e processos flexíveis, que sejam passíveis de adaptações ao se mostrarem insuficientes para responder às especificidades de cada organização e do contexto no qual a gestão de riscos está inserida, à medida que a instituição ganhe maturidade no processo.

Uma boa prática cuja adoção é de todo recomendada é a avaliação crítica realizada sobre o programa pelos diversos órgãos do estado. Ao final de cada ano, a alta gestão da Controladoria-Geral do Estado de Goiás (CGE/GO) – órgão responsável pela coordenação do PCP – reúne-se individualmente com cada um dos líderes dos órgãos que estão desenvolvendo o programa no estado para ouvir críticas e

---

[9] No desenvolvimento do programa, utilizamos os termos "órgãos" e "entidades" em conjunto para nos referirmos a todo o grupo de organizações que fazem parte da Administração direta e indireta. Nesta obra, utilizaremos apenas o termo "órgão" ou "organização".

sugestões – que em sua maioria têm sido adotadas. Esse procedimento é de fundamental importância para a melhor compreensão da realidade de cada órgão e para o avanço consistente do programa, ao mesmo tempo em que lhe confere maior credibilidade junto a cada uma das organizações.

Ao ser eleito para o cargo de governador do estado de Goiás, eu tinha em mente a implementação de uma estratégia que a) extirpasse a corrupção da Administração Pública goiana; b) estabelecesse um sistema de prevenção ao mau uso do recurso público; e c) qualificasse a gestão pública.

Para alcançar o primeiro desses objetivos, determinei à Controladoria-Geral do Estado (CGE) que fizesse a fiscalização preventiva de todas as licitações de grande porte e que fiscalizasse a execução dos contratos. Determinei, também, que a Polícia Civil criasse a Delegacia de Combate e à Corrupção, e a criação de um canal próprio para denúncias.

Quanto aos dois outros objetivos, determinei à CGE que criasse o Programa de *Compliance* Público do Estado de Goiás (PCP). Assim, estaríamos qualificando a gestão para, inclusive, implementar procedimentos que prevenissem não só a corrupção, mas o mau uso do dinheiro público em geral.

Por meio do Decreto nº 9.406 de 18.2.2019, criei o PCP com quatro eixos: ética, transparência, responsabilização e gestão de riscos. O conjunto dessas ações vem estabelecendo um ambiente diferenciado, que tem sido bem-sucedido na busca e no alcance daqueles objetivos que eu havia traçado inicialmente.

Esta obra compartilha, com todos aqueles que tiverem interesse, a experiência do Governo do Estado de Goiás com a implantação do eixo 4 do PCP: a gestão de riscos.

Como médico que sou, tenho especial apreço pelas características da gestão de riscos, no sentido de evitar "patologias" que comprometam a saúde da gestão pública como um todo, garantindo não só a boa gestão do dinheiro público, mas a boa execução das políticas públicas, a boa execução dos contratos públicos, e a boa execução de cada procedimento administrativo e operacional.

Fico particularmente feliz pelos resultados alcançados com a implementação da gestão de riscos, dos quais destaco um que me toca ainda de maneira mais particular: o plano de controle relativo ao risco de ocorrência de acidentes de trabalho na Saneago. No biênio 2018/2019, foram identificados 179 acidentes de trabalho com 5 mortes de colaboradores da empresa. Com o trabalho de gerenciamento de riscos na área, no biênio 2020/2021, o número de acidentes foi reduzido para

17, com uma morte por causas naturais. A gestão de riscos salvando vidas. Afinal, o compromisso primeiro de um Governo é com a própria vida dos cidadãos!

O livro narra uma verdadeira saga dos servidores de todo o Governo na implantação de uma nova cultura na gestão pública, por meio de três grandes seções: os conceitos da gestão de riscos, a história da implementação no estado e os resultados alcançados.

Inicialmente, o texto traz a fundamentação teórica da gestão de riscos conforme adotada no estado de Goiás e o breve histórico de sua implementação. A seguir, o passo a passo dessa implementação conforme cada uma de suas etapas – para que o leitor possa, se quiser, utilizar em sua própria organização – e os desafios concretos que enfrentamos na caminhada. Por último, e não menos importante – muito pelo contrário –, relatos sobre os resultados práticos alcançados em diversos órgãos do estado.

Os anexos trazem todos os documentos desenvolvidos pela CGE neste processo, que poderão ser bem úteis a você.

Aproximando-me do fim do meu primeiro mandato como governador do estado de Goiás, minha percepção é de que, entre os elementos que permitiram ao meu governo chegar neste momento com elevada aprovação, está o PCP e, em particular, a gestão de riscos.

É um prazer, agora, poder compartilhar essa experiência!

Ronaldo Ramos Caiado[10]

---

[10] Ronaldo Caiado nasceu em Anápolis, Goiás, em 1949. É um dos seis filhos de Edenval Ramos Caiado e Maria Xavier Caiado. Graduou-se em Medicina pela Universidade Federal do Rio de Janeiro em 1974. Especializou-se em Cirurgia da Coluna no Serviço de Cirurgia Ortopédica e Traumatológica do Professor Roy-Camille, na Faculdade de Medicina Pitié-Salpêtrière, em Paris. Em 1989, concorreu à Presidência da República. Em 1994, disputou o governo de Goiás. Foi eleito para cinco mandatos como deputado federal: 1990, 1998, 2002, 2006 e 2010. Criador da Frente Parlamentar de Apoio à Agropecuária (bancada ruralista), destacou-se na defesa dos produtores rurais, mas abraçou também as causas da Reforma Política, da Saúde, da Família, da Segurança Pública e do Combate à Corrupção. Foi um dos maiores adversários do PT durante os governos Lula e Dilma Rousseff. Analisou este período de crise econômica e política no livro *O colapso da República*, lançado em dezembro de 2018. Ronaldo Caiado integrou ainda o seleto grupo de parlamentares mais influentes do Congresso Nacional, segundo o Departamento Intersindical de Assessoria Parlamentar (DIAP). Em 2014, foi eleito para o Senado com 1.283.665 votos e, já em seu primeiro ano na Casa, recebeu o Prêmio Congresso em Foco na categoria "Melhor Senador". Venceu no primeiro turno a eleição para o Governo de Goiás em 2018, com 59,7% dos votos válidos, cerca de 1,7 milhão de votos. No governo, em pouco mais de três anos de gestão, fez de Goiás o estado com primeiro lugar no Brasil na educação, primeiro lugar no combate ao crime e primeiro lugar em gestão fiscal. Ao mesmo tempo, Goiás destacou-se com políticas efetivas de *compliance* e combate à corrupção, teve uma atuação destacada na pandemia e na estruturação da saúde, tanto na capital quanto no interior, além da implementação de programas sociais de amplo alcance, neste período difícil de retomada.

CAPÍTULO 1

INTRODUÇÃO

O Programa de *Compliance* Público do Poder Executivo do Estado de Goiás (PCP) foi instituído por meio do Decreto nº 9.406/2019,[1] que regulamentou o art. 21-A da Lei estadual nº 20.381/2018, e o estruturou em quatro eixos prioritários: ética, transparência, responsabilização e gestão de riscos. Essa norma definiu o Programa como "[...] um conjunto de procedimentos e estruturas, visando assegurar a conformidade dos atos de gestão com padrões morais e legais, bem como garantir o alcance dos resultados das políticas públicas e a satisfação dos cidadãos"[2] (GOIÁS, 2019a).

A implementação da gestão de riscos no Poder Executivo do Estado de Goiás, eixo IV do PCP, iniciou-se com a publicação da Portaria nº 41/2019-CGE,[3] que instituiu o grupo de trabalho responsável pelas atividades de consultoria, orientação e apoio necessários aos órgãos. Esta norma, posteriormente alterada pelas portarias nºs 43/2019,[4] 47/2019[5] e 31/2022,[6] também definiu os órgãos nos quais a gestão de riscos seria inicialmente implementada, o cronograma das atividades e os produtos finais a serem entregues.

A consultoria em gestão de riscos se enquadra no modelo de auditoria interna adotado no âmbito da União Europeia, o *Public Internal*

---

[1] Disponível em: https://legisla.casacivil.go.gov.br/pesquisa_legislacao/71608/decreto-9406.

[2] Decreto nº 9.406/2019, art. 2º, inc. I.

[3] Disponível em: https://www.controladoria.go.gov.br/wp-content/uploads/2019/09/Portaria_041.19.pdf.

[4] Disponível em: https://www.controladoria.go.gov.br/wp-content/uploads/2019/09/Portaria_043.19.pdf.

[5] Disponível em: https://www.controladoria.go.gov.br/wp-content/uploads/2019/09/Portaria_047.19.pdf.

[6] Disponível em: https://www.controladoria.go.gov.br/files/portaria/Anexo1_12519.pdf.

Control (PIC), que difere da experiência nacional usualmente praticada pelos órgãos centrais dos sistemas de controle interno dos entes federativos. Lá, segregam-se atividades de inspeção, mais alinhadas com nosso modelo de fiscalização dos atos de gestão, e a atividade de auditoria, compreendida como consultoria à gestão. De fato, naquela realidade, essas duas atividades são majoritariamente desenvolvidas por órgãos distintos, caracterizando-se a atividade de auditoria interna exclusivamente no conceito de consultoria.[7]

Este modelo, desenvolvido pelo *The Institute of Internal Auditors* (IIA), é conhecido como Modelo das Três Linhas,[8] e tem como um de seus principais elementos a definição do papel de cada uma dessas linhas relativamente à sua função na gestão de riscos – que correspondem às competências e responsabilidades no âmbito de um sistema de controle interno. Como de resto deve ocorrer em toda a atividade de auditoria interna, trata-se de medidas voltadas para proteger e agregar valor à gestão, fundamentado nas boas práticas de governança corporativa e com foco na obtenção de resultados e alcance dos objetivos institucionais.[9]

Coube, portanto, à CGE/GO o papel de prestar serviços consultivos aos órgãos do Estado para a implementação da gestão de riscos em cada unidade, tanto da Administração direta, como da Administração indireta. Essa nova perspectiva de atuação da CGE representa uma quebra de paradigma, vez que modifica completamente o formato de atuação do órgão central do sistema de controle interno, até então focado exclusivamente nas atividades inspecionais, por vezes desconectada da gestão.

O estado de Goiás optou por enfrentar, inicialmente, os riscos operacionais, como forma de qualificar a gestão e prevenir o mau uso dos recursos públicos. Para isso, contou com a atuação dos consultores da CGE em cada um dos órgãos do estado, nos quais a coordenação e

---

[7] Para melhor conhecimento deste modelo e sua adoção na CGE/GO, o seguinte artigo traz informações mais detalhadas: "A estruturação da auditoria e da inspeção no órgão central do sistema de controle interno: o modelo da Controladoria-Geral do Estado de Goiás" (livro *Controle interno contemporâneo*).

[8] O modelo foi adotado formalmente pelo IIA por meio da Declaração de Posicionamento "As três linhas de defesa no gerenciamento eficaz de riscos e controles", publicada em janeiro de 2013. A atualização promovida em 2020 a renomeou para "Três linhas". Esses documentos podem ser acessados pelo *site* do IIA Brasil: https://iiabrasil.org.br//.

[9] A gestão de riscos visa fortalecer os controles internos para o tratamento dos riscos corporativos na primeira linha (área gerencial, operacional – gerentes) com o intuito de fornecer à segunda linha de defesa (atividades de supervisão) condições de monitoramento e de critérios técnicos para a tomada de decisões baseada em riscos.

o acompanhamento do processo ficaram sob a responsabilidade dos comitês setoriais de *compliance*.[10] Posteriormente, no âmbito do Conselho de Governo, a Câmara de *Compliance*[11] tornou-se responsável pelo monitoramento dos riscos estratégicos.

Atuando, portanto, principalmente para gerir os riscos operacionais, a experiência adquirida, até o momento, mostra que se trata de uma ferramenta adequada às particularidades da gestão pública, cujos processos são evidentemente frágeis, dada, principalmente, a característica de rompimentos abruptos e descontinuidade na gestão das políticas públicas no país. Em ambientes assim, uma solução como o mapeamento e redefinição de processos enfrenta sérias dificuldades. Tratando-se, portanto, de processos naturalmente imperfeitos, a gestão de riscos tem a nobreza de reconhecer e respeitar esta realidade.

De fato, ao incidir sobre processos com essas características, a gestão de riscos elege como prioridade atacar as causas dos riscos potencialmente mais danosos à Administração, e se propõe a realizar o trabalho sem tentar enfrentar o desafio – maior e mais difícil – de redefinir completamente os processos administrativos e seus fluxos. Com suas intervenções pontuais, a gestão de riscos realiza continuamente diversos avanços incrementais, que produzem resultados imediatos e duradouros, em um processo essencialmente cumulativo e de longo prazo.

A gestão de riscos se caracteriza por ser um instrumento mais realista quanto ao que precisa e efetivamente pode ser feito na qualificação da gestão pública.

Quando se identifica determinado risco, são identificadas, também, as possíveis causas e são propostos tratamentos para essas causas. Não é necessário que se resolvam todas as questões de forma imediata. Mas, à medida que se avança no tratamento das causas de cada risco, está se qualificando o processo administrativo e reduzindo a possibilidade de que os riscos se materializem. Com essas medidas, evitam-se as consequências – muitas vezes graves – da materialização dos riscos identificados, em particular aquelas situações que ameaçam o atingimento dos objetivos institucionais, a adequada execução das políticas públicas.

---

[10] Ver definição em 2.3, "a".

[11] Ver definição em 2.3, "c".

A gestão de riscos opta pela via da mudança incremental na gestão pública, pois entende o desafio de se realizarem mudanças complexas em um curto espaço de tempo. O gestor não precisa implantar todas as ações de controle imediatamente. Ele deverá fazer isso continuamente mediante um plano de ações de tratamento das causas dos riscos, implementando uma medida após a outra, e se assegurando de que estão de fato assimiladas e em funcionamento.

Isso significa que não se deve esperar que a gestão de riscos produza impactos profundos de forma imediata. Todavia, o somatório das pequenas ações de controle, ao longo do tempo, produzirá as mudanças necessárias e alcançará os resultados esperados: juntamente com a mitigação dos riscos, a qualificação dos processos administrativos. Esse processo é necessariamente espaçado ao longo do tempo em função de sua característica fundamental de ser uma mudança na cultura organizacional.

De qualquer forma, a experiência do Governo do Estado de Goiás mostra que desde o início do processo ocorrem mudanças significativas e impactantes. A própria identificação dos riscos pelos gestores já os leva à adoção de medidas imediatas, muitas vezes nem mesmo registradas nas matrizes de risco. E, também, muitas ações de tratamento de riscos – essas registradas nas respectivas matrizes – são adotadas imediatamente.

Merece destaque, ainda, o fato de que o mapeamento de riscos é, em função de sua metodologia, essencialmente participativo, colaborando decisivamente para o envolvimento dos servidores em sua implementação, ao tempo em que vai se efetivando a necessária mudança cultural que se espera no processo.

Mais do que a utilização da metodologia com seu ferramental, a gestão de riscos é, de fato, a tentativa de implantar a cultura de antecipação da materialização de eventos indesejáveis, que comprometem o alcance dos resultados das políticas públicas. Se, portanto, os gestores passam a agir com essa preocupação em mente, pode-se considerar que já se trata de um programa bem-sucedido.

CAPÍTULO 2

GESTÃO DE RISCOS NO SETOR PÚBLICO

2.1 Conceitos

Gestão de riscos é o processo sistemático de identificar, analisar, avaliar e tratar riscos de qualquer natureza, com o objetivo de aceitar, evitar, reduzir, compartilhar ou potencializar (no caso dos riscos positivos)[12] os riscos corporativos. Gerir riscos possibilita aos gestores enfrentar as incertezas na tomada de decisão, mediante o tratamento de causas e consequências. No setor público, isso equivale a gerar maior valor público[13] por meio das políticas públicas, em especial quanto à execução orçamentária.

A adoção de política de gestão de riscos visa definir as responsabilidades e o processo de gerenciamento dos riscos, com vista a integrar a avaliação de riscos à tomada de decisão. A gestão de riscos pode ser implantada em todas as áreas e níveis hierárquicos do órgão, sendo aplicável a quaisquer processos de trabalho (estratégicos e operacionais), programas, projetos, atividades, ações, iniciativas e planos institucionais.

Para o sucesso da implementação e utilização da ferramenta, propiciando a efetiva assimilação da política de gestão de riscos, a participação da alta administração como estímulo ao envolvimento de todas as áreas da instituição é essencial, pois é ela quem exerce a liderança durante todo o processo. Como resultado, o acompanhamento contínuo da matriz de riscos permite ao gestor enxergar de perto as

---

[12] A metodologia não abordou formalmente os chamados "riscos positivos" ou "oportunidades".

[13] Decreto Federal nº 9.203/2017, art. 2º, inc. II (Disponível em: http://www.planalto.gov.br/ccivil_03/_ato2015-2018/2017/decreto/D9203.htm).

maiores fragilidades que existem no órgão sob sua responsabilidade, bem como as ações de tratamento adotadas e os resultados alcançados.

No processo de implementação, conseguir a adesão das pessoas do órgão é o maior desafio e o requisito essencial para o sucesso do projeto.

Nas organizações há sempre servidores automotivados – estes participam ativamente do processo sem a necessidade de ações de convencimento ou persuasão. Ao mesmo tempo, é importante adotar medidas para engajamento do grupo de servidores não tão engajados como esses primeiros e, particularmente, daqueles que usualmente resistem às mudanças.

2.2 Atributos

A gestão de riscos no setor público tem como propósito a *criação e proteção de valor* público. Com base nos princípios dispostos na ISO 31000 (ABNT, 2018) e fundamentada nesse propósito, a gestão de riscos no estado de Goiás deve ter as seguintes características:

a) abrangência: tornar-se parte integrante de toda a estrutura, atividades e funções organizacionais, tornando-se parte da cultura organizacional;
b) customização: ser personalizada e proporcional aos contextos externo e interno do órgão relacionados aos seus objetivos;
c) inclusão: o envolvimento dos servidores do órgão possibilita que conhecimentos, pontos de vistas e percepções sejam considerados no processo de identificação e tratamento dos riscos;
d) dinamismo: o processo de gestão de riscos permite que o órgão atue de forma preventiva, respondendo às mudanças nos contextos externo e interno de maneira apropriada e oportuna;
e) capacidade de coleta de informações: o órgão deve ter informações confiáveis de eventos passados e presentes para embasar futuras decisões;
f) cuidado com as pessoas: riscos se relacionam, em grande medida, com o comportamento das pessoas, razão pela qual os relacionamentos no órgão devem ser objeto de atenção;

g) respeito à cultura organizacional: tratando-se de mudança cultural, a implementação da gestão de riscos deve tratar com cuidado a herança cultural do órgão;
h) melhoria contínua: o processo deve ser melhorado continuamente por meio de avaliações e do compartilhamento de experiências.

2.3 Responsabilidades

As responsabilidades no processo de gestão de riscos nos órgãos do Governo do Estado de Goiás estão divididas entre a CGE/GO, a Câmara de *Compliance*,[14] os Comitês Setoriais de *Compliance* Público e os proprietários dos riscos.

No nível estratégico de governo, a responsabilidade pela criação e coordenação é da CGE/GO, e o acompanhamento dos resultados, além da própria CGE/GO, é feito também pela Câmara de *Compliance*, que é uma instância de governança do Conselho de Governo,[15] ao qual compete o assessoramento ao governador do estado de Goiás no âmbito da Política de Governança do Estado.

Dentro de cada órgão, a operacionalização da gestão de riscos é feita pelo Comitê Setorial, com a participação ativa dos proprietários de riscos.

a) *Controladoria-Geral do Estado.*

A CGE/GO é responsável pela criação e coordenação do PCP em todas as entidades do Governo do Estado de Goiás e, em particular, da gestão de riscos.

A atividade essencial para a implementação do programa foi sua normatização, que se iniciou com a edição do Decreto nº 9.406/2019,

---

[14] A Câmara de *Compliance* foi instituída por meio do Decreto Estadual nº 9.660/2020, que implementou a Política de Governança do Estado (Disponível em: https://legisla.casacivil.go.gov.br/pesquisa_legislacao/103155/decreto-9660).

[15] De acordo com art. 11, da Lei nº 20.491, de 25.6.2019, "o Conselho de Governo é presidido pelo Governador do Estado ou por substituto por ele indicado e integrado pelo Procurador-Geral do Estado, pelos Secretários de Estado da Administração, da Casa Civil, da Economia e pelos Chefes da Governadoria e da Controladoria-Geral do Estado" (GOIÁS, 2019b). Ele será assessorado pelas Câmaras, entre elas a Câmara de *Compliance*, e tem como principal competência assessorar o governador do estado na formulação de diretrizes de ação governamental (*vide* art. 9º, do Decreto nº 9.660 para demais competências).

e inclui portarias e demais instrumentos que fazem parte dos anexos ao final do livro.

Outra ação de grande importância, desenvolvida pela CGE/GO, são as capacitações dos servidores públicos do estado relativamente aos quatro eixos do Programa, desenvolvidas em parceria com a Escola de Governo do Estado.

A implementação da gestão de riscos em cada órgão do Governo do Estado de Goiás é realizada a partir da consultoria prestada pelas Assessorias de Controle Interno (ACI),[16] nas entidades que as possuem. Trata-se de unidades que, pertencendo a diversos órgãos do Estado, permanecem sob a coordenação técnica da CGE/GO, caracterizando-se, portanto, como unidades descentralizadas do sistema de controle interno do estado. Para órgãos que não possuem as ACIs, a CGE/GO faz a designação temporária de consultores, escolhidos entre os assessores de controle interno que atuam em outras ACIs e que não têm seu tempo totalmente tomado pelo próprio órgão ao qual se vinculam.

Além da função de assessoramento consultivo, a CGE é responsável pela avaliação independente do gerenciamento de riscos nos órgãos e entidades do Poder Executivo estadual, atuando, assim, em conjunto com os assessores, no papel de terceira linha[17] dentro do processo de gestão de riscos.

Entre as responsabilidades da CGE/GO, previstas no Decreto nº 9.406/2019[18] (GOIÁS, 2019a), destacam-se ainda:

- fornecer material de apoio e suporte teórico e metodológico;
- aprovar capacitações, materiais de apoio e metodologias complementares propostos;
- executar auditorias de monitoramento e auditorias baseadas em riscos;
- desenvolver, aprovar e supervisionar as ações destinadas ao cumprimento dos quatro eixos do PCP;

[16] A Assessoria de Controle Interno foi criada através da Lei nº 20.491/2019 (Disponível em: https://legisla.casacivil.go.gov.br/pesquisa_legislacao/100701/lei-20491), e possui como uma de suas competências o assessoramento ao órgão para a implantação do Programa de *Compliance* Público, especialmente a gestão de riscos.

[17] Modelo das três linhas do IIA 2020.

[18] Art. 5º do Decreto nº 9.406/2019.

- indicar versões atualizadas das normas de gestão de riscos, outros instrumentos de boas práticas técnicas e gerenciais, bem como a aplicação de normas em caráter complementar;
- assegurar o sigilo dos dados e das informações obtidas na execução dos trabalhos de assessoramento aos órgãos e entidades;
- fornecer avaliação independente acerca da eficácia da governança e do processo de gerenciamento de riscos ao Comitê Setorial das pastas, visando à melhoria contínua do processo.

b) Câmara de *Compliance*.

A Câmara Temática de *Compliance*, pertencente à estrutura do Conselho de Governo, é coordenada pela CGE/GO e é composta por representantes dos seguintes órgãos:

I – Controladoria-Geral do Estado;
II – Procuradoria-Geral do Estado;
III – Secretaria de Estado da Economia;
IV – Secretaria de Estado da Administração;
V – Secretaria de Estado da Casa Civil;
VI – Secretaria-Geral da Governadoria.

Essa Câmara é a responsável pelo acompanhamento das ações estratégicas do PCP em todo o estado, bem como prioritariamente os riscos estratégicos que possam afetar objetivos do governo como um todo, visando sugerir medidas de tratamento aos órgãos e subsidiar o governador no processo decisório[19] (GOIÁS, 2020).

c) *Comitê Setorial.*

O Comitê Setorial é um colegiado de caráter deliberativo e permanente, para questões relativas ao PCP em cada órgão do Governo do Estado, "composto obrigatoriamente pelos dirigentes e demais membros da alta gestão, com competência para coordenar e executar o programa sob a orientação consultiva da CGE/GO"[20] (GOIÁS, 2019a).

O Comitê Setorial deve atuar em conjunto com as estruturas internas do órgão para que, através da análise dos relatórios quadrimestrais, elaborados pelos proprietários de riscos, os resultados esperados com o gerenciamento de riscos sejam alcançados. Estes relatórios poderão

---

[19] Art. 16, §1º e §2º, do Decreto nº 9.666.

[20] Art. 7º do Decreto nº 9.406/2019.

ser submetidos à Câmara de *Compliance* sempre que se tratar de riscos estratégicos de Governo.

Além disso, o Comitê Setorial, em conjunto com as Secretarias Executivas, atua no papel de segunda linha,[21] apoiando todas as áreas a implantar e melhorar continuamente o processo de gerenciamento de riscos.

Compete, ainda, ao Comitê Setorial:

- indicar os proprietários de riscos e os membros da Secretaria Executiva de *Compliance*;
- aprovar o plano anual de gestão de riscos;
- estabelecer uma linguagem comum de gestão de riscos, incluindo os critérios da gestão de riscos (probabilidade, impacto, apetite e tolerância ao risco);
- acompanhar de forma sistemática a gestão de riscos com o objetivo de garantir a sua eficácia e o cumprimento de seus objetivos;
- aprovar o processo de gestão de riscos;
- zelar pelo cumprimento e revisar a política de gestão de riscos;
- monitorar a execução da política de gestão de riscos;
- decidir sobre as matérias que lhe sejam submetidas, e outras consideradas relevantes, e zelar pelo cumprimento dessas decisões;
- fomentar a prática e estimular a cultura de gestão de riscos;
- monitorar a implementação das ações dos eixos I a III[22] do PCP.

d) *Secretaria Executiva de Compliance ou equivalente.*

A Secretaria Executiva de *Compliance* é uma unidade vinculada ao titular de um órgão que atua como uma "ponte" entre os proprietários de riscos e o Comitê Setorial, exercendo em conjunto com este último o papel de segunda linha. Ela fornece assistência direta ao gerenciamento de riscos, além de promover a análise e o reporte sobre a eficácia desse processo ao Comitê Setorial.

Entre as competências da Secretaria Executiva, ressaltam-se:

---

[21] Modelo das três linhas do *Institute of Internal Auditors* (IIA, 2020).

[22] Os eixos do Programa de *Compliance* Público são I – Ética, II – Transparência, III – Responsabilização e IV – Gestão de riscos.

- orientar e monitorar funções e responsabilidades pela gestão de riscos em todas as áreas da organização, especialmente no preenchimento dos Relatórios de Gerenciamento de Riscos no Sistema *Smartsheet*[23] pelos proprietários dos riscos;
- coordenar a revisão periódica do processo de gestão de riscos com vistas à sua melhoria contínua;
- coordenar e monitorar a implantação da gestão de riscos em novas áreas e/ou projetos, até que esteja consolidada em toda a organização;
- monitorar as ações que estão em realização para evolução da maturidade em gestão de riscos;
- atuar na interlocução entre o Comitê Setorial e os proprietários de riscos e/ou responsáveis pela implantação e execução de ações de controle;
- comunicar ao Comitê Setorial o andamento do gerenciamento de riscos em todas as áreas, por toda a organização;
- auxiliar o agendamento e pauta das reuniões do Comitê Setorial;
- atuar na disseminação e na internalização da cultura de gestão de riscos, por meio de reuniões, palestras, oficinas, entre outros eventos;
- promover a interlocução com a CGE, visando ao atendimento das recomendações emitidas relacionadas ao processo de gestão de riscos;
- auxiliar o Comitê Setorial no monitoramento e no atendimento às recomendações emitidas pela Câmara de *Compliance*;
- estimular a capacitação continuada dos servidores em cursos afetos à gestão de riscos, especialmente naqueles ofertados pela Escola de Governo;
- coordenar o trâmite de documentos relevantes afetos à gestão de riscos, preferencialmente em unidade própria no Sistema Eletrônico de Informações (SEI);
- acompanhar e monitorar a implementação das ações dos eixos I a III (Ética, Transparência e Responsabilização) do Programa

[23] O *Smartsheet* é a ferramenta de gerenciamento de trabalho colaborativo que permite acompanhar e gerenciar facilmente o trabalho desenvolvido por uma equipe. É usado para atribuir tarefas, acompanhar o progresso do projeto, gerenciar calendários, compartilhar documentos e gerenciar outro trabalho, através de uma interface no formato de planilhas. A plataforma possui manual próprio para orientar os usuários quanto ao uso.

de *Compliance* Público, especialmente quanto ao cumprimento dos quesitos definidos no *ranking* do PCP.

e) *Proprietário do risco.*

Compete ao proprietário do risco, dentro do processo de gestão de riscos, como primeira linha:

- identificar, analisar e avaliar os riscos dos processos, atividades e projetos sob sua responsabilidade;
- identificar e implantar controles preventivos e corretivos para reduzir o risco;
- registrar e monitorar todos os eventos relacionados aos riscos sob sua responsabilidade, inclusive os indicadores de monitoramento;
- apresentar os relatórios gerenciais (mínimo quadrimestralmente) dos riscos, acima do apetite a risco da organização, ao Comitê Setorial;
- assegurar que os controles existentes/implantados para mitigar os riscos são suficientes e adequados para manter o(s) risco(s) dentro do apetite a risco da instituição;
- realizar a análise crítica e o monitoramento contínuo do gerenciamento dos riscos sob sua responsabilidade, reavaliando a efetividade dos controles adotados e a influência destes no nível dos riscos;
- reportar ao Comitê Setorial as alterações que precisam ser efetivadas no gerenciamento do(s) risco(s), com vistas à melhoria contínua do processo.

CAPÍTULO 3

FLUXOGRAMA DE IMPLANTAÇÃO DA GESTÃO DE RISCOS

O fluxograma resumido das diversas etapas da implementação da gestão de riscos conforme o modelo do PCP é apresentado a seguir, e a versão detalhada está disponível no Anexo IX. Esse fluxograma não é estático. O modelo a seguir representa uma proposta geral das etapas que devem ser seguidas pelas organizações, mas que pode (e em alguns casos, deve) ser modificado conforme as peculiaridades de cada órgão e de cada situação.

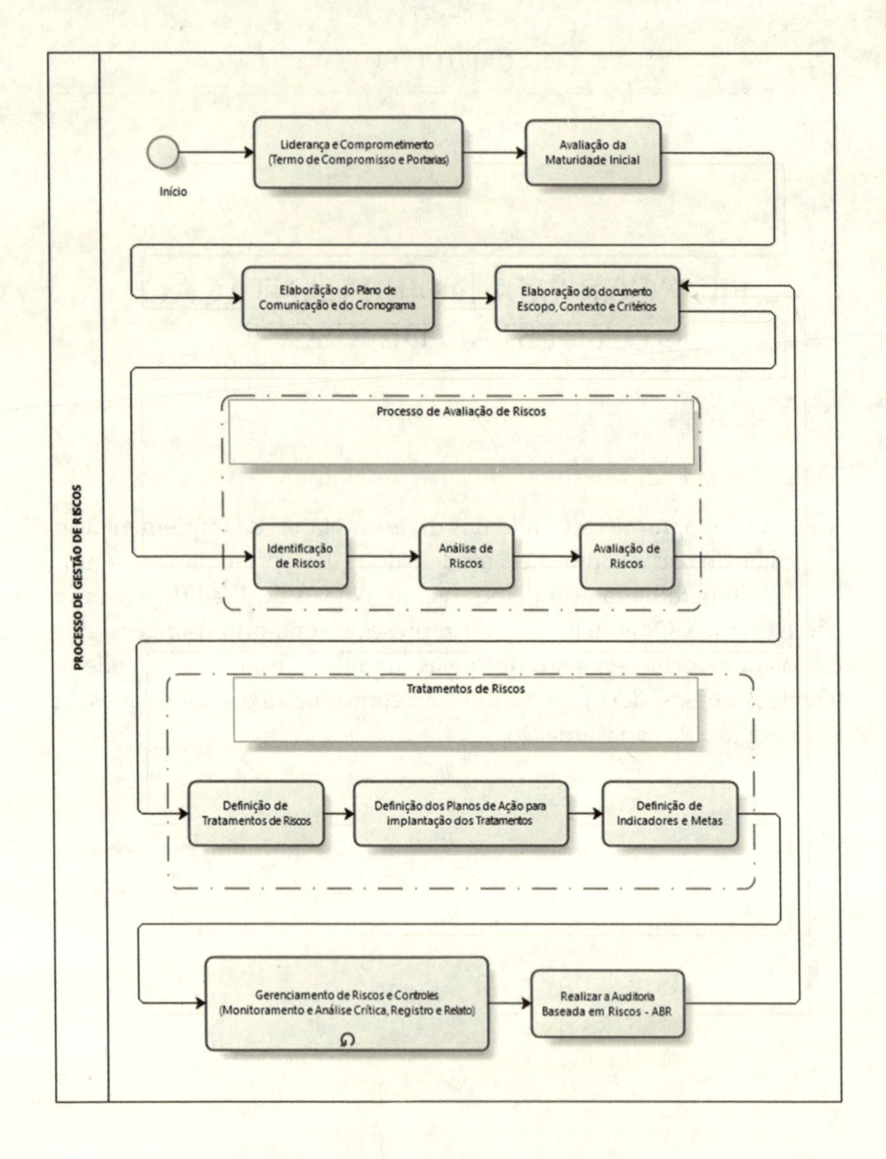
PROCESSO DE GESTÃO DE RISCOS
Início
Liderança e Comprometimento (Termo de Compromisso e Portarias)
Avaliação da Maturidade Inicial
Elaboração do Plano de Comunicação e do Cronograma
Elaboração do documento Escopo, Contexto e Critérios
Processo de Avaliação de Riscos
Identificação de Riscos
Análise de Riscos
Avaliação de Riscos
Tratamentos de Riscos
Definição de Tratamentos de Riscos
Definição dos Planos de Ação para implantação dos Tratamentos
Definição de Indicadores e Metas
Gerenciamento de Riscos e Controles (Monitoramento e Análise Crítica, Registro e Relato)
Realizar a Auditoria Baseada em Riscos - ABR

ETAPAS DA GESTÃO DE RISCOS

O estado de Goiás adotou a ABNT NBR ISO 31000:2018[24] como o principal *framework*[25] a ser seguido no processo de gestão de riscos. Tendo como base essa norma, bem como as melhores práticas, a implementação é realizada mediante as seguintes etapas (*vide* fluxograma detalhado no Anexo IX):

- capacitação;
- assinatura do termo de compromisso;
- definição da política e da estrutura de gestão de riscos;
- avaliação da maturidade;
- definição do cronograma de implementação;
- elaboração do plano de comunicação e consulta com as partes interessadas;
- estabelecimento de escopo, contexto e critérios;
- identificação dos riscos;
- análise dos riscos;
- avaliação dos riscos;
- tratamento dos riscos;
- monitoramento e análise crítica;
- registro e relato; e
- melhoria contínua.

[24] A Associação Brasileira de Normas Técnicas (ABNT) publicou a norma técnica (NBR) ISO 31000:2018 – Gestão de Riscos – Diretrizes, a qual revisa a norma ABNT NBR ISO 31000:2009, elaborada pela Comissão de Estudo Especial de Gestão de Riscos (ABNT/CEE – 063). Esse documento fornece diretrizes para gerenciar riscos enfrentados pelas organizações. Essas diretrizes podem ser personalizadas para qualquer organização e seu contexto.

[25] Um *framework* é um modelo pronto, com as ferramentas e regras gerais que a organização deve seguir para gerir os riscos.

4.1 Capacitação

A capacitação é elemento essencial para que cada servidor, e cada órgão, receba conhecimento e se envolva no processo de implementação da gestão de riscos. Ainda que não conste como uma etapa do processo definido pela ISO 31000:2018, a alta direção dos órgãos deve priorizar a sua própria capacitação e a de seus servidores, levando em consideração, também, o interesse de cada um em colaborar com o processo.

A capacitação é a porta de entrada do órgão no universo da gestão de riscos, sendo desenvolvida, no âmbito do estado de Goiás, preferencialmente por meio do curso em gestão de riscos fornecido pela Escola de Governo (EGOV). Essa capacitação pode ser complementada com cursos no formato ensino a distância (EAD) promovidos por outras entidades, como é o caso dos cursos ofertados pela Escola Nacional de Administração Pública (Enap).[26]

Uma sugestão para se internalizar os conceitos adquiridos, após a realização dos cursos regulares, é através de estudos individuais ou em grupo dos normativos sobre gestão de riscos, com ênfase na ISO 31000:2018, que é o *framework* adotado pelo estado, os quais podem evoluir para intercâmbios entre proprietários de riscos para compartilhar conhecimentos e experiências na implementação do programa, o que permitiria ainda a disseminação das boas práticas alcançadas com a implantação da gestão de riscos. As organizações que buscaram algo semelhante conseguiram alcançar uma maior internalização dos conceitos.

Dica: conforme já recomendado pela CGU (2018), para a alta administração, são indicados cursos de curta duração, ministrados preferencialmente pela EGOV (em formato EAD), com foco na gestão de riscos alinhada à governança, e de eventos nos quais seja possível a troca de informações e experiências entre dirigentes de várias organizações. Quanto aos demais servidores, é orientada a realização de cursos que utilizem exercícios com foco nos próprios processos organizacionais, fomentando não só o conhecimento, mas também o desenvolvimento de habilidades e atitudes necessárias à maturação do processo na entidade.

---

[26] Disponível em: https://www.escolavirtual.gov.br/.

4.2 Termo de compromisso do PCP

Elemento fundamental para o sucesso da implementação da gestão de riscos, a adesão da alta direção ao projeto é concretizada através da assinatura do termo de compromisso do PCP (Anexo I), que é firmado entre CGE/GO e o órgão. Esse documento foi instituído inicialmente para assinatura do representante máximo do órgão, pela Procuradoria-Geral do Estado (PGE/GO) e pela CGE/GO. Posteriormente, a atuação da PGE/GO nas atividades relativas ao Eixo I do PCP – Ética foi designada à Secretaria-Geral da Governadoria do Estado (SGG/GO).[27]

Para de fato implantar a gestão de riscos, é necessário muito mais do que a celebração de um termo de compromisso, mas a efetiva mudança na cultura da organização. Um fator essencial para se alcançar essa mudança é a alta gestão acreditar nos benefícios de que desfrutarão mediante a implantação do processo. E, mais do que isso, é necessário que ela se envolva efetivamente na implementação do programa.

4.3 Definição da política e da estrutura de gestão de riscos

A instituição da Política de Gestão de Riscos (Anexo II, a) formaliza o comprometimento da alta gestão da entidade com a implementação da gestão de riscos e assegura que essa ferramenta seja aplicada a todas as atividades do órgão. Complementarmente, a instituição do Comitê Setorial de *Compliance* (Anexo II, b) atribui autoridade, responsabilidade e responsabilização nos níveis adequados dentro da pasta.

A alta administração[28] é responsável por estabelecer, manter, monitorar e aperfeiçoar os controles internos, os quais devem responder a riscos que têm o potencial de afetar o alcance dos objetivos organizacionais. Por meio da elaboração e implementação da gestão de riscos com a finalidade de se alcançarem os objetivos organizacionais, é possível, também, reduzir ou evitar a possibilidade de responsabilização do gestor público, visto que se torna possível comprovar que foi feita

[27] Esta modificação se deu por motivos circunstanciais e não em função de uma melhor adequação em função de competências de cada órgão.

[28] No estado de Goiás, a alta administração é composta pelos cargos de direção superior vinculados às estruturas básicas da Administração direta, autárquica e fundacional, conforme definido na Lei nº 20.491/2019 (Disponível em: https://legisla.casacivil.go.gov.br/pesquisa_legislacao/100701/lei-20491).

a devida avaliação de riscos inerentes aos processos, a identificação de suas causas e a criação e implementação das respectivas ações de controle. De fato, uma gestão de riscos efetiva evita em muitas situações sua materialização, assim como, em outras, nas quais o risco se materializa, registra-se que as ações de controle já implementadas não foram capazes de evitar tal materialização.

A Política de Gestão de Riscos deve ser institucionalizada em cada órgão e entidade por meio de ato normativo (portaria, no caso do estado de Goiás), conforme o modelo em anexo (Anexo II, a). Esta política tem como premissa o alinhamento ao Planejamento Estratégico do Governo de Goiás, bem como aos objetivos estratégicos do órgão/instituição, sendo o principal objetivo o estabelecimento dos princípios, das diretrizes, das responsabilidades e do processo de gestão de riscos. Os órgãos devem elaborar e divulgar a Política de Gestão de Riscos, aprovada pelo Comitê Setorial.

A portaria que institui o Comitê Setorial de *Compliance* define quem, no âmbito da alta administração, será responsável pela implementação, monitoramento e melhorias do processo de gestão de riscos de um órgão. A portaria também deve prever a criação da Secretaria Executiva de *Compliance* ou equivalente,[29] bem como a quantidade de servidores da unidade que ficarão responsáveis pela implantação e acompanhamento das atividades relacionadas aos quatro eixos do programa, em especial quem é o responsável na unidade pelo acompanhamento e orientação do processo de gestão de riscos.

Tanto a portaria de instituição do Comitê Setorial quanto aquela que define a política de gestão de riscos são importantes instrumentos de governança[30] da entidade.

Os modelos constantes do Anexo II são apenas sugestivos. À medida que a organização for amadurecendo, o processo de gestão de riscos nas suas estruturas, sugere-se que sejam feitas as adequações necessárias ao melhor atendimento das particularidades de cada uma, sem, contudo, deixar de cumprir os ditames das normativas que regem o PCP, notadamente o Decreto estadual nº 9.406/2019.

---

[29] Estrutura complementar do Comitê Setorial de *Compliance*, responsável por fazer a interlocução entre este e os proprietários de riscos.

[30] De acordo com o Decreto estadual nº 9.660/2020, governança corresponde ao conjunto de mecanismos de liderança, estratégia e controle de condução de políticas públicas e prestação de serviços de interesse da sociedade, aplicados para avaliar, direcionar e monitorar a gestão (GOIÁS, 2020).

4.4 Avaliação da maturidade

O grau de maturidade do órgão ou entidade em relação à gestão de riscos reflete o nível de desenvolvimento da unidade em termos de estrutura, cultura e instrumentos para identificar, analisar e tratar riscos. A avaliação da maturidade deve ser realizada periodicamente com o fim de se averiguar e acompanhar a internalização da gestão de riscos pela unidade.

O intuito dessa avaliação é conhecer a realidade de momento do órgão e propor melhorias nos processos associados à gestão de riscos, ou seja, orientar a alta gestão quanto aos passos seguintes que devem ser dados. É um instrumento de análise da situação quanto ao nível de implementação da Política de Gestão de Riscos.

A aplicação do questionário de avaliação de maturidade (Anexo III) estabelece o marco inicial a partir do qual será avaliada a evolução do órgão. Essa ação deve ser, preferencialmente, mediada pela equipe de consultoria do órgão de controle interno – no caso do estado de Goiás, a Controladoria-Geral –, com o objetivo de dirimir dúvidas interpretativas acerca das questões e aumentar a eficiência da avaliação. No estado de Goiás, foi utilizado, nos exercícios de 2019 e 2020, o questionário do Centro da Qualidade, Segurança e Produtividade – QSP,[31] o qual classifica o grau de maturidade em gestão de riscos da unidade em cinco níveis: 1) ingênuo;[32] 2) consciente;[33] 3) definido;[34] 4) gerenciado[35] e 5) habilitado[36] (WERLE, 2014).

Em 2019, o questionário do QSP utilizado constituía-se de 15 questões e a média da maturidade em gestão de riscos dos 21 órgãos e entidades que tiveram a gestão de riscos implantada, nesse exercício, foi de 2,22 (nível consciente).

Em 2020, utilizou-se o questionário do QSP com 30 questões, o qual tinha sido atualizado, de uma maneira geral, para se adaptar aos

---

[31] O Centro da Qualidade, Segurança e Produtividade (QSP) é uma associação técnico-científica, sem fins lucrativos, que reúne empresas e profissionais dos mais diferentes setores de atividade e atua no assessoramento e treinamento de profissionais em diversas áreas de especialização, incluindo gestão de riscos.

[32] Nenhuma abordagem formal desenvolvida para a gestão de riscos.

[33] Abordagem para a gestão de riscos dispersa em "silos".

[34] Estratégia e políticas implementadas e comunicadas. Critérios de risco (apetite por riscos) definidos.

[35] Abordagem corporativa para a gestão de riscos desenvolvida e comunicada.

[36] Gestão de riscos e controles internos totalmente incorporados às operações.

princípios da gestão de riscos estabelecidos na ISO 31000:2018. Nesse exercício, a média da maturidade em gestão de riscos avaliada em 38 órgãos e entidades do Poder Executivo estadual foi de 2,02 (nível consciente).

A partir de 2021, optou-se por adotar o manual *Gestão de riscos – Avaliação de maturidade*[37] (TCU, 2018a), como referencial para a realização das avaliações de maturidade em gestão de riscos dos órgãos do Poder Executivo, quando da realização das chamadas auditorias baseadas em riscos. O referido manual disponibiliza um modelo de questionário mais voltado à realidade do setor público e mostrou-se mais apropriado ao momento atual dos trabalhos. O questionário foi adaptado à metodologia de gerenciamento de riscos aplicada em Goiás (Anexo III).

O questionário do TCU foi aplicado em 45 órgãos e entidades, sendo a média da maturidade em gestão de riscos alcançada, por esse referencial, de 47,78%, nível 3 (intermediário). Os valores de referência estão descritos na tabela a seguir.

Tabela 1 – Nível de maturidade da gestão de riscos (*Gestão de riscos – Avaliação de maturidade* [TCU, 2018])

Índice apurado	Nível de maturidade	Classificação
De 0% a 20%	1	Inicial
De 20,1% a 40%	2	Básico
De 40,1% a 60%	3	Intermediário
De 60,1% a 80%	4	Aprimorado
De 80,1% a 100%	5	Avançado

4.5 Definição do cronograma de implantação

Encerrada a etapa de formalização do trabalho, por meio da publicação das portarias da definição da Política de Gestão de Riscos e da instituição do Comitê Setorial de *Compliance*, o assessor de controle interno e/ou a Secretaria Executiva de *Compliance* deverá elaborar o planejamento dos trabalhos em conjunto com as áreas envolvidas, contemplando a proposta de cronograma (Anexo IV) para a execução

[37] Disponível em: https://portal.tcu.gov.br/gestao-de-riscos-avaliacao-da-maturidade.htm.

das etapas previstas no processo de implantação da consultoria (prazos, responsáveis, produtos) que, posteriormente, será aprovado pelo Comitê Setorial.

Assim como é o caso de outros documentos relativos ao processo de implementação da gestão de riscos, o cronograma acima citado é um instrumento que deve ser adaptado à realidade de cada órgão, bem como à necessidade do Comitê Setorial de acompanhar a gestão de riscos.

4.6 Elaboração do Plano de Comunicação e Consulta

Conforme apresentado na ISO 31000:2018 (ABNT, 2018), a etapa de comunicação e consulta faz parte de todas as fases da gestão de riscos, sendo um processo contínuo e iterativo que o órgão realiza para fornecer ou obter informações necessárias com as partes interessadas, ao longo do processo de gestão de riscos.

A comunicação envolve compartilhar informações com a equipe, *stakeholders* e clientes, de tal forma a promover a compreensão do risco, além de permitir que informações relevantes sejam transmitidas a tempo para que as pessoas executem o que lhes compete dentro do processo. Já a consulta envolve o fornecimento de informações pelos participantes do processo, buscando, especialmente, colaborar com a tomada de decisões.

Para otimizar essa etapa, faz-se necessária a elaboração de um plano de comunicação e consulta, podendo ser utilizado o modelo proposto no Anexo V. A equipe de consultoria tem auxiliado a Comunicação Setorial da pasta na elaboração desse plano que deverá, posteriormente, ser aprovado pelo Comitê Setorial.

A elaboração do mencionado plano visa permitir que as informações sejam colhidas e transmitidas a todos os níveis da organização, por meio de canais claros e abertos, de tal forma que a mensagem circule em todas as direções e seja efetiva.

Algumas questões a serem consideradas ao elaborar o plano de comunicação e consulta relativo à gestão de riscos são (CGU, 2018):

a) O que precisa ser comunicado?
b) Quem precisa saber?
c) Quem será o responsável por elaborar e enviar a comunicação?
d) Quem precisa ser consultado?

e) Qual o prazo?
f) Qual o melhor formato para apresentar as informações?

Uma importante ferramenta a ser utilizada nesse plano e que traz a resposta para a maioria dessas questões é a matriz de responsabilidades denominada RACI. Essa ferramenta permite definir atribuições, papéis e responsabilidades de etapas/tarefas entre as pessoas e equipes dentro de um processo, projeto ou serviço. O nome RACI é um acrônimo que advém das palavras em inglês *responsible, accountable, consulted* e *informed*, sendo que cada uma dessas palavras representa as atribuições e responsabilidades de um colaborador nas tarefas do processo, conforme descrito a seguir:

- Responsável (*Responsible* – R): aquele que executa a tarefa do processo.
- Aprovador (*Accountable* – A): o responsável por acompanhar a realização da tarefa, dar permissão para que seja iniciada, quando necessário, e aprovar o resultado ou a entrega.
- Consultado (*Consulted* – C): aquele que deverá ser consultado para que a tarefa se realize da melhor maneira possível, pois pode agregar valor ou contribuir para sua realização.
- Informado (*Informed* – I): pessoa que precisa ser informada dos resultados ou entregas da tarefa do processo e deverá ser incluída na matriz nos casos que a atividade gerar consequências importantes para os envolvidos.

A matriz RACI poderá seguir a seguinte formatação como modelo, caso o órgão ou entidade deseje incluí-la no plano de comunicação:

Tabela 2 – Matriz RACI

	Gerente 1	**Gerente 2**	**Superintendente**	**Comunicação Setorial**	**Subsecretário**	**Secretário**
Etapa 1	R	C	C/A	I	I	I
Etapa 2	I	R	C	I	C	A
Etapa 3	R/C	R/C	A	I	I	C/I
Etapa 3.1	R	C	A	-	-	-
Etapa 3.2	C	R	A	-	-	-

A utilização de alguma mídia social, ou aplicativo, para comunicação entre os diversos participantes no desempenho de suas funções – por exemplo, o grupo dos membros do Comitê Setorial – tem grande utilidade, mas não substitui o plano de comunicação e consulta.

4.7 Estabelecimento de escopo, contexto e critérios

Outra tarefa inicial no processo de implementação da gestão de riscos no órgão é a elaboração do documento denominado "Estabelecimento do escopo, contexto e critérios" (Anexo VI), instrumento que servirá de base para as etapas posteriores.

Resumidamente, pode-se dizer que esse documento tem os seguintes objetivos:

1) conhecer o contexto geral do órgão/entidade;
2) delimitar o escopo da gestão de riscos, identificando o contexto específico das áreas/processos selecionados;
3) definir os critérios de riscos, visando personalizar o processo de gestão de riscos do órgão/entidade.

4.7.1 Contexto

Entender a estrutura da organização e seu contexto são essenciais para que seja estabelecido um processo de gestão de riscos. Nesse sentido, ter o entendimento do histórico, conhecer as estratégias e metas, a estrutura de que dispõe para buscá-las, quem são os atores relacionados e interessados no propósito da entidade é fundamental para se iniciar esse processo.

O estabelecimento do contexto permite, em linhas gerais, identificar os objetivos estratégicos e operacionais, os ambientes interno e externo da organização e as partes interessadas que com ela se relacionam. É através da compreensão do contexto que será possível definir o escopo da gestão de riscos e a identificação, de forma mais assertiva, dos riscos que podem afetar o alcance dos objetivos.

A análise do contexto pode ser feita a partir de uma *matriz de SWOT*,[38] definindo as forças e fraquezas associadas ao ambiente interno

---

[38] O termo SWOT é um acrônimo das iniciais das palavras em inglês *strengths* (força), *weaknesses* (fraquezas), *opportunities* (oportunidades) e *threats* (ameaças).

e as oportunidades e ameaças relativas ao ambiente externo (TCU, 2018c). Tal ferramenta permite identificar as fragilidades da entidade, sendo assim uma importante fonte de insumos para iniciar a identificação dos riscos.

4.7.2 Escopo

A partir do contexto geral da entidade, define-se o escopo em que a gestão de riscos será trabalhada, alinhado aos objetivos organizacionais. A despeito do atributo da abrangência, que preconiza a gestão de riscos como parte integrante de toda a estrutura, atividades e funções da organização (item 2.2, "a"), a experiência prática demonstrou que é necessário definir o escopo inicial em que a gestão de riscos será trabalhada e um planejamento de expansão para as demais áreas e processos ao longo do tempo. Nesse sentido, observou-se que, além do contexto geral da organização, é necessária a identificação do contexto específico das áreas/processos em que a gestão de riscos será inicialmente trabalhada, conforme visto no item anterior.

A alta administração, sob a orientação da consultoria, define o escopo com base nas prioridades da gestão. Uma vez definido o escopo, pode ser feita uma análise específica do contexto relacionado a esse escopo. Esse documento será produzido tendo como base a melhor informação disponível[39] e será elaborado com a participação ativa da área do órgão relacionada ao escopo e da gerência de planejamento (ou equivalente), com o apoio da consultoria.

À medida que novos escopos são acrescentados à gestão de riscos, o órgão ou entidade poderá produzir um novo documento ou atualizar o documento já existente, acrescentando o novo escopo, o contexto relacionado a esse escopo e outras alterações julgadas necessárias.

Em Goiás, por decisão estratégica, houve uma orientação da Controladoria-Geral do Estado de que as áreas de compras governamentais, gestão e fiscalização de contratos administrativos e folha de pagamentos fizessem parte do escopo inicial a ser trabalhado nos órgãos nos quais os orçamentos para tais atividades fossem mais representativos.

---

[39] É importante analisar o histórico de dados do passado, pois essas informações podem ser subsídio para a tomada de decisão.

4.7.3 Critérios para definição e mensuração dos riscos

A organização deverá considerar a quantidade e tipo de risco que ela está preparada para assumir e que podem impactar nos objetivos estratégicos da instituição. Para a definição desses critérios, devem ser considerados: (1) a natureza e o tipo de incertezas que podem afetar os resultados e objetivos (tangíveis e intangíveis); (2) como as probabilidades e os impactos serão definidos e medidos; (3) fatores relacionados ao tempo; (4) como o nível de risco será medido; (5) apetite e tolerância ao risco.

Embora os critérios de riscos sejam definidos nesta etapa inicial, eles são dinâmicos, e devem ser continuamente analisados criticamente e alterados sempre que necessário.

Ademais, a personalização dos critérios de riscos de acordo com as metas e cultura de cada organização terá como resultado um processo de avaliação de riscos mais eficaz e o apropriado tratamento de riscos para cada área/processo da organização.

a) Natureza e tipo dos eventos.

Há dois tipos de classificação de eventos dependendo do impacto que geram no objetivo da organização. A classificação proposta no COSO ERM/2007 utiliza duas categorias: se o evento (incerteza) causa impacto positivo, é classificado como oportunidade, se é negativo, é classificado como risco.

Ainda de acordo com o COSO ERM (2007):

> [...] os eventos que geram impacto negativo representam riscos que podem atrapalhar o alcance dos objetivos organizacionais, e impedir a criação de valor ou mesmo destruir o valor existente. Os de impacto positivo podem contrabalançar os de impacto negativo ou podem representar oportunidades, que, por sua vez, representam a possibilidade de um evento ocorrer e influenciar favoravelmente a realização dos objetivos, apoiando a criação ou a preservação de valor.

Na prática da implementação da gestão de riscos no estado de Goiás, as matrizes registram exclusivamente eventos consignados como riscos.

b) Probabilidade e impacto.

Para a análise da probabilidade e do impacto são utilizadas as escalas de 1 a 5 com ênfase (maior peso) ao impacto, conforme tabelas a seguir.

Tabela 3

Probabilidade			
Nível	**Descritor**	**Peso**	**Definição (ANVISA, 2018)**
1	Raro	1	O evento pode ter acontecido anteriormente na organização ou em organizações similares. Entretanto, na ausência de outras informações ou circunstâncias excepcionais, não seria esperado que ocorresse na organização no futuro próximo. O evento pode ocorrer apenas em circunstâncias muito excepcionais. Ficaria surpreso se o evento ocorresse.
2	Improvável	2	O evento não ocorre de maneira frequente na organização ou organizações similares. Os controles atuais e as circunstâncias sugerem que a ocorrência seria considerada altamente não usual. O evento pode ocorrer em algum momento, mas é improvável.
3	Possível	3	O evento pode ter ocorrido ocasionalmente na organização ou em organizações similares. Os controles atuais ou as circunstâncias sugerem que há uma possibilidade plausível de ocorrência. O evento provavelmente ocorrerá em algumas circunstâncias.
4	Provável	4	O evento pode ocorrer regularmente na organização ou organizações similares. Com os controles atuais ou circunstâncias, pode-se esperar que ocorra ao longo de 1 ano. O evento provavelmente ocorrerá na maioria das circunstâncias.
5	Quase certo	5	O evento ocorre frequentemente na organização ou com os controles ou circunstâncias espera-se sua ocorrência. É esperado que o evento ocorra na maioria das circunstâncias.

Tabela 4

Impacto			
Nível	**Descritor**	**Peso**	**Definição**
1	Desprezível	1	Impacto do evento nos objetivos/resultados é insignificante, estando adstrito a procedimentos de determinado setor ou unidade.
2	Menor	2	Impacto do evento nos objetivos/resultados é pequeno, mas afeta de certa forma os procedimentos de determinada área ou setor, influenciando os resultados obtidos.
3	Moderado	4	Impacto do evento nos objetivos/resultados é médio e tem capacidade de afetar áreas ou unidades isoladas.
4	Maior	8	Impacto do evento sobre os objetivos/resultados da organização é de gravidade elevada, envolvendo áreas inteiras do órgão e/ou seu conjunto e é de difícil reversão.
5	Catastrófico	16	Impacto do evento sobre os objetivos/resultados da organização tem potencial desestruturante sobre todo o órgão e é irreversível.

Dado o grau de maturidade da gestão de risco, os órgãos adotaram, inicialmente, critérios de risco qualitativos.[40] Porém, à medida que a organização alcance maior maturidade no processo de gestão de riscos, poderão ocorrer, também, evoluções nos critérios adotados para semiquantitativos[41] e, posteriormente, quantitativos.[42] Nesse sentido,

40 Os critérios qualitativos classificam a probabilidade e o impacto de um risco se materializar, por meio de termos qualificadores, com base na percepção das pessoas (ABNT, 2012). Essa análise é feita nas fases iniciais do processo quando ainda não há registros nem dados quantitativos para mensuração da probabilidade e do impacto.

41 Os critérios semiquantitativos usam escalas de classificação numérica para consequência e probabilidade e as combinam, por meio de uma fórmula, para produzir um nível de risco (ABNT, 2012). Essa análise é usada quando somente os critérios qualitativos são insuficientes para obter a adequada análise dos riscos, mas ainda não é possível usar os critérios quantitativos devido, principalmente, à sua complexidade e à falta de dados (registros).

42 Os critérios quantitativos são aqueles que utilizam valores práticos para consequências (impacto) e suas probabilidades, e produz valores do nível de risco em unidades específicas definidas no desenvolvimento do contexto. A análise quantitativa completa pode nem sempre ser possível ou desejável devido a informações insuficientes sobre o sistema ou atividade que está sendo analisado(a), à falta de dados, à influência dos fatores humanos etc., ou porque o esforço da análise quantitativa não é justificável ou requerido (ABNT, 2012).

com a evolução da maturidade em gestão de riscos, foi possível a utilização de critérios semiquantitativos para a análise dos riscos.

c) Nível do risco.

Tendo como base os parâmetros descritos acima, serão definidos quatro níveis de risco, conforme a seguinte matriz de nível de risco.

Tabela 5 – Matriz de definição de nível de risco

Impacto							
	16	**Catastrófico**	Alto	Extremo	Extremo	Extremo	Extremo
	8	**Maior**	Médio	Alto	Alto	Extremo	Extremo
	4	**Moderado**	Baixo	Médio	Alto	Alto	Alto
	2	**Menor**	Baixo	Baixo	Médio	Médio	Alto
	1	**Desprezível**	Baixo	Baixo	Baixo	Baixo	Médio
	PESO	**PESO**	**Raro**	**Improvável**	**Possível**	**Provável**	**Quase certo**
			1	2	3	4	5
			Probabilidade				

Nível	Faixa
Baixo	1 a 4
Médio	5 a 9
Alto	10 a 30
Extremo	31 a 80

A título de exemplo, um evento de impacto "moderado", portanto com peso 4, e nível de probabilidade "quase certo", portanto, com peso 5, terá nível de risco "alto" (resultado da multiplicação dos pesos acima, 5 × 4). Um evento com impacto "menor" (peso 2) e probabilidade "raro" (peso 1) tem nível baixo (pois 2 × 1 = 2).

d) Apetite a risco e tolerância ao risco.

O Comitê Setorial de cada órgão ou entidade deverá estabelecer o limite de exposição a riscos da organização. Enquanto o apetite a risco corresponde à "quantidade e tipo de riscos que a organização está preparada para buscar, reter ou assumir" (AMN, 2013), o que leva ao estabelecimento de uma ordem de prioridade para o tratamento de riscos, a tolerância ao risco é a "disposição da organização em suportar o risco após a implantação do tratamento" (AMN, 2013).

O apetite a risco é fundamental para priorizar o tratamento de riscos, bem como para selecionar respostas a riscos, e deve estar alinhado aos valores e objetivos estratégicos da organização e ao nível de risco que a organização está propensa a aceitar no esforço de realizar a sua missão. Ele pode ser único para toda a organização ou variar em função de critérios definidos ou do tipo de risco, como: categoria de riscos (estratégico, operacional, financeiro etc.), do programa governamental correspondente ou da área da organização envolvida. A definição do apetite a risco é de competência do Comitê Setorial (TCU, 2018c).

Mesmo após a implantação de controles internos, alguns riscos podem permanecer acima do nível definido como apetite. Nesses casos, a administração deve levar em consideração a relação custo-benefício da adoção de novos controles para tratamento de tais riscos, podendo decidir por tolerar o risco. Quando se define a tolerância a um risco, a entidade pondera o grau de importância do risco em relação ao objetivo organizacional, podendo optar por não implementar novos controles, mesmo que o risco esteja acima do apetite.

Embora tanto o apetite a risco quanto a tolerância ao risco possam ser definidos na fase inicial do processo de gestão de risco, esses limites devem ser reavaliados ao longo do processo.

A CGE/GO sugere o uso da seguinte tabela para definir os limites de exposição aos riscos.

Tabela 6 – Tolerância e aceitação de riscos

Nível de risco	Aceitação do risco	Tratamento do risco	Acompanhamento do gerenciamento do risco	Tolerância ao risco
Extremo	Inaceitável	Garantir que ações de controle sejam *imediatamente* implantadas, sem prejuízo do aprimoramento das ações de controle existentes, visando à redução do nível de risco. As ações de controle deverão ser sempre priorizadas em relação às demais ações de controle.	Comitê Setorial.	Nível de risco absolutamente intolerável.
Alto	Inaceitável	Garantir que ações de controle sejam implantadas, sem prejuízo do aprimoramento das ações de controle existentes, visando à redução do nível risco, sempre que possível. As ações de controle deverão ser sempre priorizadas em relação àquelas dos riscos classificados no nível médio.	Comitê Setorial.	Nível de risco intolerável, em regra, excepcionando os casos em que a redução do nível do risco é impraticável ou seu custo é desproporcional à melhoria obtida.
Médio	Inaceitável	Aprimorar as ações de controle existentes e/ou implementar ações complementares para tratar o risco residual, visando reduzir o nível do risco para o apetite definido.	Superintendente ou diretor da área.	Nível de risco *tolerável* se o custo da redução exceder a melhoria obtida.
Baixo	Aceitável	Manter as medidas de proteção existentes. Esse nível de risco deve ser monitorado, com vistas a verificar a manutenção do risco no nível baixo.	Proprietário do risco.	Não se aplica. Nível de risco dentro do apetite definido.

Cronograma de atividades **Fase inicial**
1) Realizar a abertura do processo no SEI (ou no modelo de gestão processual utilizado pela organização) para a implantação da gestão de riscos. Todos os demais documentos produzidos a seguir deverão ser anexados ao processo.
2) Firmar o termo de compromisso do Programa de *Compliance* Público (Anexo I) com a CGE/GO ou o órgão coordenador do Programa.
3) Definir os membros do Comitê Setorial de *Compliance* e da Secretaria Executiva de *Compliance* ou unidade equivalente e publicar as portarias referentes à "Política de Gestão de Riscos" e "Instituição do Comitê Setorial de *Compliance*" (Anexo II, "a" e "b").
4) Realizar reunião entre o consultor/assessor e o Comitê Setorial para apresentar o processo de gestão de riscos, entender o contexto e definir o(s) escopo(s) em que será implantada a gestão de riscos.
5) Definir o cronograma de atividades (Anexo IV).
6) Elaborar plano de comunicação (Anexo V).
7) Estabelecer escopo, contexto e critérios (Anexo VI).
8) Validar os itens 5 a 7 e os documentos a eles referentes.

O principal ator no âmbito da execução das atividades da gestão de riscos é o Comitê Setorial. Após sua instituição, conforme o item 3 acima, é o Comitê Setorial que coordena e executa as demais atividades, podendo se valer de outros atores conforme a especificidade da questão. Por exemplo, ao se elaborar o plano de comunicação da gestão de riscos, a assessoria de comunicação do órgão deverá ser convidada a participar.

O documento intitulado "Estabelecimento do Escopo, Contexto e Critérios" deverá ser constantemente reavaliado, em particular em função de modificações necessárias no escopo da gestão de riscos.

4.8 Identificação de riscos

A correta identificação dos riscos demanda a adequada compreensão do seguinte conceito: "risco é o efeito da incerteza sobre os objetivos" (ABNT, 2018).

A etapa de identificação de riscos compreende a identificação de eventos externos ou internos que podem impactar negativamente o alcance dos objetivos estratégicos da organização. Assim, a primeira fase dessa etapa consiste em *identificar os objetivos da organização*, de forma que a gestão dos riscos a eles associados possa contribuir para o seu alcance e, assim, criar e preservar valor para a sociedade.

Nesse particular, é importante fazer o alerta de que a gestão de riscos é apenas uma ferramenta a ser utilizada pelo gestor público para assegurar que a organização atinja seus objetivos, execute de maneira adequada as políticas públicas – crie valor para a sociedade. Um grande risco associado à própria gestão de riscos é o encantamento com o processo – que pode ser apaixonante, de fato.

Para a identificação dos riscos, podem ser feitas oficinas de trabalho com a equipe que conhece bem o escopo da gestão de riscos ou, dependendo da área/processo a ser mapeado, pelo próprio proprietário do risco. Nessa etapa, deve-se buscar primeiro que todos os participantes tenham a definição clara do que é perigo,[43] risco e problema.[44] Durante as oficinas, podem ser empregadas ferramentas que facilitam a identificação de um maior número de riscos, tais como *brainstorming*, *brainwriting*, entrevistas, pesquisas etc. (TCU, 2020).

Em um primeiro momento, é importante que a utilização dessas técnicas seja realizada de maneira livre, o que naturalmente poderá acarretar grande número de riscos identificados. Após ser feita esta identificação, todavia, é necessário que se proceda à criteriosa avaliação de sua inserção na matriz de risco – que será exposta mais à frente – visto que cada risco identificado consome grande quantidade de recursos (tempo e mão de obra, principalmente) para sua gestão. Há uma tendência natural de manutenção dos riscos sob gestão, uma vez inseridos na matriz. Sendo, portanto, difícil retirá-los após sua inclusão, é aconselhável que este processo inicial seja bastante criterioso. É mais fácil inserir um novo risco na matriz do que retirá-lo posteriormente.

Voltando às técnicas de identificação de riscos, o *brainstorming* e/ou *brainwriting* buscam explorar a criatividade dos participantes e são as mais simples de serem utilizadas. De forma resumida, essas técnicas consistem em permitir e incentivar que todos participem com o máximo possível de ideias acerca de determinado tema sem qualquer tipo de crítica, pois o propósito é quantidade de ideias e não a qualidade. Através dessas técnicas, é possível identificar riscos que não se materializaram

---

[43] Perigo é toda fonte, situação ou ato com potencial para causar ou contribuir para que um evento ou risco ocorra.

[44] Problema pode ser definido como um evento ou condição que já aconteceu e afetou ou atualmente afeta os objetivos da organização ou de um projeto, ou seja, é uma certeza bem identificada.

no passado, ou seja, riscos com baixa probabilidade de ocorrência, mas de impactos expressivos, chamados de "cisne negro"[45] (CGU, 2018).

Além de identificar os riscos, essa etapa inclui a classificação quanto à categoria do risco, a definição de quem será o proprietário do risco e a identificação das causas e das consequências do risco identificado. No modelo adotado, todas as fases desta etapa deverão ser validadas, posteriormente, pelo Comitê Setorial.

A CGE/GO estabeleceu a classificação de categorias de riscos que se segue. Cada entidade que implementar a gestão de riscos poderá utilizar a classificação mais adequada à sua realidade.

- estratégicos: riscos que causam impactos sobre os objetivos estratégicos e a execução da estratégia planejada;
- de conformidade: riscos que se referem ao não atendimento das normas legais vigentes;
- financeiros: riscos que se relacionam à inadequada gestão de caixa ou aplicação de recursos;
- operacionais: riscos que prejudicam a execução ou o progresso dos processos internos;
- ambientais: riscos que causam impacto no meio ambiente;
- de tecnologia da informação: riscos que se referem à indisponibilidade ou inoperância de equipamentos e sistemas informatizados;
- de recursos humanos: riscos decorrentes da incapacidade em gerir recursos humanos.

O próximo passo é a identificação das causas de cada risco.

A importância desse passo está relacionada ao fato de que as ações de mitigação da ocorrência do risco são as ações de tratamento, de controle relativas a essas causas. Portanto, para os casos em que cabem ações preventivas, correta identificação de causas é essencial. Em casos nos quais a prevenção não é possível, ou não é suficiente, planeja-se a contenção dos danos mediante o enfrentamento das consequências da materialização do risco.

É de fundamental importância que seja realizada a *Análise de Causa-Raiz* (*Root Cause Analysis* – RCA) para se identificar a raiz ou causas

[45] O termo *cisne negro* (*black swan*) é um termo popularizado por Nassim Nicholas Taleb, num livro com o mesmo nome e corresponde a eventos com baixíssima probabilidade de acontecer, classificado como raro, e impacto catastrófico.

originais, visando à implantação de ações de controle mais adequadas e eficazes (ABNT, 2012). Tratar as causas adjacentes do risco pode dar a impressão de se ter as diversas situações sob controle; todavia, se não for identificada a "verdadeira" causa-raiz, o risco provavelmente continuará se materializando repetidas vezes e o proprietário do risco estará continuamente atuando para apagar incêndios (problemas) ao invés de mitigar, de tratar o risco.

Duas técnicas bastante eficazes na identificação da causa raiz são os "5 porquês"[46] e o "diagrama de espinha de peixe" ou Ishikawa.[47]

A técnica dos 5 porquês é uma excelente ferramenta para esse propósito, além de ser mais simples sua aplicação. Porém, antes de ser aplicada, precisa ser definido qual é exatamente o "problema", sendo que, na gestão de riscos, o "problema" seria o risco materializado. Na sequência, inicia-se o questionamento do porquê desse "problema" por cinco vezes (pode ser mais ou menos). O objetivo aqui é encontrar respostas mais detalhadas às perguntas complementares, até que se encontre(m) a(s) causa(s)-raiz do problema. Assim, é importante que as perguntas sejam claras e objetivas e que toda a equipe esteja presente participando do processo, pois é ela quem detém o conhecimento de todos os fatores que podem levar à materialização do risco. Normalmente, a causa de um "problema" pode ser mais de uma e se for usada somente uma ferramenta, para se identificar essas causas, ações de controle ineficazes para o seu tratamento serão implantadas e, consequentemente, pode não se alcançar a melhoria de fato de um processo (CAMPOS, 2017).

Para construir o diagrama de Ishikawa, deve-se colocar o "efeito ou problema" (risco) como sendo a espinha do peixe. Na sequência, sugere-se pensar nos principais grupos de fatores que podem levar à materialização do risco que serão colocados em cada uma das flechas que convergem para a espinha central (como se fossem as costelas do esqueleto). As categorias são amplas, podendo ser classificadas em mão de obra (pessoas), medida, meio ambiente, método, máquina e material. Cada uma dessas categorias podem apresentar causa(s) potencial(is) que

---

[46] A técnica dos 5 porquês foi desenvolvida por um engenheiro mecânico da Toyota e é uma técnica para encontrar a causa-raiz de um defeito ou problema para então solucioná-lo (CAMPOS, 2017).

[47] O Diagrama de Ishikawa foi criado pelo engenheiro químico Kaoru Ishikawa, em 1943, e tem como objetivo mostrar a relação entre um "efeito" e suas possíveis causas (DIAGRAMA DE ISHIKAWA, 2020).

contribuirão para a materialização do risco e serão desenhadas como flechas horizontais que apontam para o ramo da categoria. Poderão ainda ser identificadas subcausas que podem contribuir para a causa principal, as quais serão as ramificações de uma causa. Tal como a técnica anterior, é recomendado que toda a equipe participe do processo, uma vez que é ela que irá identificar as causas que realmente podem levar à materialização do risco, e, entre elas, qual(is) seria(m) a(s) causa(s)-raiz (DIAGRAMA DE ISHIKAWA, 2020).

Posteriormente, será necessário identificar quais serão as consequências positivas ou negativas de cada risco, caso ele se concretize. Com base nas consequências do risco, poderá ser definida uma lista de prioridade e urgência de tratamento e monitoramento.

Algumas questões facilitam a identificação dos riscos:

a) Qual é o objetivo ou o resultado que se pretende alcançar? Qual evento pode impedir o alcance do objetivo ou do resultado?
b) O que é considerado sucesso quando se busca alcançar um objetivo? Quais são os fatores críticos (eventos) que podem impedir esse sucesso?

Algumas fontes (causas) de riscos que podem ser consideradas, durante a etapa de identificação de riscos, são: orçamentária-financeira, infraestrutura, pessoal, processos, sistemas, tecnologia e eventos externos.

De acordo com o *Manual de gestão de integridade, riscos e controles internos da gestão* (MIRANDA *et al.*, 2017), a seguinte sintaxe pode auxiliar na identificação do evento de risco:

Devido a (*causa/fonte*), poderá acontecer (*o evento de risco*), o que poderá levar a (*impacto/efeito/consequências*), impactando no (*objetivo/ resultado*).

Tanto a identificação quanto a análise de riscos (próxima etapa) devem sempre ser monitoradas pelo proprietário de riscos, de tal forma a buscar a identificação de riscos que não foram detectados inicialmente.

Cronograma de atividades **Identificação dos riscos**
1º) Identificar com clareza o(s) objetivo(s) da organização e/ou o(s) resultado(s) que se pretende(m) alcançar.
2º) Definir claramente o escopo do processo da gestão de riscos, identificando também o que está fora do escopo, e a qual objetivo/resultado da organização esse escopo está relacionado.
3º) Rever a análise do contexto interno e externo, incluindo a análise de vulnerabilidades e capacidades às quais o escopo está relacionado.
4º) Realizar o *brainstorming/brainwriting*.
5º) Elencar, para cada objetivo (ou resultado), os eventos que podem ter impacto negativo (ou positivo) no alcance desse objetivo (TCU, 2020).
6º) Classificar o risco identificado quanto à categoria que pertence (estratégico, de conformidade, financeiro, operacional, ambiental, de tecnologia e de recursos humanos).
7º) Identificar as possíveis causas da materialização do risco.
8º) Identificar a causa-raiz do risco, usando a técnica dos cinco porquês ou diagrama de peixe.
9º) Identificar as consequências da materialização do risco e seus impactos no objetivo da organização.
10º) Preencher os seguintes campos na matriz de riscos (*Smartsheet*):[48] área/processo, objetivo, data de identificação, proprietário do risco, categoria do risco, causas e consequências (*vide* Anexo IX).
11º) Validar/aprovar com o Comitê Setorial os riscos identificados, caso ele defina ser necessário.[49]
12º) Monitorar constantemente o processo de gestão para identificar novos riscos na área/processo/ projetos previamente mapeados e acrescentá-los à matriz de riscos.

4.9 Análise de riscos

Com base na ISO 31000:2018, "a análise de riscos tem como propósito compreender a natureza do risco e determinar o seu nível". Essa etapa é o alicerce para a avaliação de riscos e para a escolha do melhor tratamento a ser implantado. Essa análise inclui a avaliação da probabilidade de ocorrência do risco, dentro de um prazo previsto; a avaliação do impacto do risco sobre o objetivo/resultado e das consequências caso

[48] *Vide* citação 23.

[49] É facultativa a validação dos riscos identificados pelo Comitê Setorial após finalizar a etapa de identificação de riscos. Porém, é mandatória a validação após concluir a etapa de avaliação dos riscos.

se concretize; e a definição do nível de risco a partir de uma matriz que combina as escalas de probabilidade e impacto.

Nível de risco = Probabilidade × Impacto

Conforme já orientado pela CGU (2018):

> Há diversas formas de estimar e apresentar a probabilidade e o impacto de um risco, que podem variar em relação à precisão e à complexidade. Caso o órgão/entidade esteja iniciando seu contato com processos de gestão de riscos, recomenda-se a utilização de metodologia mais simples, sem ponderações para impacto e probabilidade.

O estado de Goiás adotou como referência uma matriz 5x5 (cinco níveis de probabilidade e cinco níveis de impacto) que dá origem a uma matriz de calor de quatro níveis de risco (baixo, médio, alto e extremo).

A classificação da probabilidade e do impacto de um risco pode ser realizada usando os parâmetros descritos no subitem 4.7.3, "b".

Embora não exista uma escala-padrão para avaliação de nível de risco, adotou-se o uso de uma matriz semiqualitativa com foco (maior peso) no impacto que o risco pode trazer no alcance do objetivo/resultado organizacional. Porém, cabe ao Comitê Setorial avaliar se a escala a ser escolhida não resultará em esforço desnecessário e sim agregará valor à tomada de decisão.

Tendo como base uma matriz semiqualitativa e a matriz de nível de risco descrita no subitem 4.7.3, "c", os valores para classificar a matriz de nível de risco estão descritos a seguir.

Tabela 7 – Matriz de nível de riscos

Catastrófico	16	32	48	64	80
Maior	8	16	24	32	40
Moderado	4	8	12	16	20
Menor	2	4	6	8	10
Desprezível	1	2	3	4	5
	Raro	**Improvável**	**Possível**	**Provável**	**Quase certo**

	Mínimo	**Máximo**
Baixo	1	4
Médio	5	9
Alto	10	30
Extremo	31	80

A primeira análise do nível de risco é feita desconsiderando o efeito dos controles sobre os riscos, que são considerados, então, riscos inerentes – aqueles aos quais "uma organização está exposta sem considerar quaisquer ações gerenciais que possam reduzir a probabilidade de sua ocorrência ou o seu impacto" (CGU, 2018).

A seguir, é realizada a avaliação da efetividade dos controles existentes, ou seja, os controles que já estão em execução para, assim, se obter os riscos residuais.[50] *Risco residual* é, portanto, "o risco ao qual a organização está exposta após a implementação de ações gerenciais (controles existentes) para o tratamento do risco" (CGU, 2018).

De acordo com a ISO 31000:2018 (ABNT, 2018), *ações de controle* "são as medidas que modificam (ou pretendem modificar) o nível do risco, podendo ser qualquer processo, política, dispositivo, prática ou outras ações que tenham essa finalidade".

A análise da efetividade dos controles na mitigação de riscos pode ser avaliada de acordo com os parâmetros definidos pelo TCU, conforme apresentado a seguir.

---

[50] Embora os conceitos de riscos inerentes e residuais não tenham sido amplamente utilizados por todos os consultores, em virtude dos diferentes graus de maturidade das pastas, o trabalho sempre buscou a avaliação da efetividade dos controles existentes antes de concluir a análise do nível de risco inicial.

Tabela 8

NÍVEL	DESCRIÇÃO DA AVALIAÇÃO DA EFETIVIDADE DOS CONTROLES	AVALIAÇÃO DA EFETIVIDADE DOS CONTROLES (AE)	FATOR REDUTOR DO NÍVEL DE RISCO (1-AE)
Inexistente	Controles inexistentes, mal desenhados ou mal implementados, isto é, não funcionais.	0,0 (0,0%)	1,0
Fraco	Controles têm abordagens *ad hoc*, tendem a ser aplicados caso a caso, a responsabilidade é individual, havendo elevado grau de confiança no conhecimento das pessoas.	0,2 (20%)	0,8
Mediano	Controles implementados mitigam alguns aspectos do risco, mas não contemplam todos os aspectos relevantes do risco devido a deficiências no desenho ou nas ferramentas utilizadas.	0,4 (40%)	0,6
Satisfatório	Controles implementados e sustentados por ferramentas adequadas e, embora passíveis de aperfeiçoamento, mitigam o risco satisfatoriamente.	0,6 (60%)	0,4
Forte	Controles implementados podem ser considerados a "melhor prática", mitigando todos os aspectos relevantes do risco.	0,8 (80%)	0,2

Fonte: Adaptado do *Manual de Gestão de Riscos* do TCU (2018, p. 44).

Nessa abordagem do TCU (2018a), o valor final da multiplicação entre o valor do nível de risco inerente e o fator redutor do nível do risco corresponde ao nível de risco residual.

Risco residual = Risco inerente × Fator redutor do nível do risco

Por exemplo, um nível de risco inerente foi classificado em 12 (impacto 4 × probabilidade 3, no modelo utilizado pela CGE/GO), e o controle existente foi avaliado como mediano (fator redutor do nível de risco – 0,6), então teríamos: risco residual = 12 × 0,6 = 7,2. Pelo novo valor, conforme matriz de nível de risco acima, o nível de risco passaria de alto para médio.

Como essa metodologia exige maior grau de maturidade do órgão ou entidade no processo de gestão de riscos, a CGE/GO adotou, no primeiro momento, um modelo simplificado de análise dos riscos e da efetividade dos controles existentes, sem fazer a análise de risco inerente e residual nessa fase do processo. Assim, considerou-se somente o nível de risco inicial que é feito após a análise da efetividade dos controles existentes, observando seus efeitos sobre a redução do nível de risco.

Cronograma de atividades **Análise dos riscos**
1º) Fazer reuniões com as áreas afetas ao risco identificado e outras que possam contribuir com o processo de análise dos riscos.
2º) Identificar o(s) controle(s) existente(s) para cada risco identificado, descrevê-lo(s) e analisar a efetividade desse(s) controle(s).
3º) Incluir os controles existentes na matriz de riscos (*Smartsheet*) na(s) linha(s) abaixo do risco, conforme Anexo IX (acrescentar recuo à direita para gerar a hierarquia).
4º) Explicar aos participantes os parâmetros de classificação dos níveis de probabilidade (1 a 5) e de impacto (1 a 5)[51] para realizar a análise dos riscos.
5º) Projetar ou distribuir cópias dos riscos identificados com as respectivas causas e consequências.
6º) Solicitar aos participantes que avaliem a probabilidade da ocorrência do risco.
7º) Solicitar aos participantes que avaliem o impacto na ocorrência do risco.
8º) Caso os valores de probabilidade e impacto do risco estejam muito discrepantes entre os participantes, recomenda-se utilizar a técnica "E se" (SWIFT),[52] visando atingir o consenso.
9º) Realizar a média dos resultados indicados para probabilidade e impacto, com arredondamento para o valor mais alto.
10º) Preencher na matriz de riscos (*Smartsheet*) as colunas: efetividade do(s) controle(s) existente(s), probabilidade inicial e impacto inicial, sendo que o nível de risco será mostrado automaticamente (produto entre o valor do impacto e da probabilidade), conforme Anexo IX.

[51] Embora os "pesos" para o impacto apresentam valores entre 1 e 16 (Tabela 4), recomendamos que, nessa etapa, seja usada a pontuação de 1 a 5 para o impacto, para facilitar a visualização das pessoas que estão participando do processo de análise de riscos.

[52] A técnica "E se" (SWIFT) é um procedimento realizado em grupo, pelas pessoas que trabalham rotineiramente com o objeto analisado ou que detenham informações sobre ele. Exige a atuação de um facilitador, que deve provocar a participação das pessoas a partir de perguntas previamente elaboradas do tipo "e se", "o que aconteceria se", "alguém ou algo pode...?", "alguém ou algo nunca...?". Essas questões devem estimular a reflexão dos participantes sobre diferentes alternativas e cenários de funcionamento do objeto analisado (TCU, 2018c). Essa técnica também pode ser usada para a identificação de controles e de sua eficácia, em diversas situações.

4.10 Avaliação de riscos

De acordo com a ISO 31000:2018 (ABNT, 2018), a etapa de avaliação de riscos objetiva "comparar os resultados da análise de riscos com os critérios de risco", incluindo o apetite a risco[53] e a tolerância ao risco,[54] buscando avaliar se o risco é aceitável ou tolerável e se e quando é necessário ação de controle adicional.

Antes de iniciar essa etapa, é essencial que a organização, entre os riscos aprovados, identifique quais são os *riscos-chave* que o Comitê Setorial deverá monitorar diretamente, devido ao impacto potencial nos resultados da organização. Esses riscos "são aqueles que podem afetar significativamente o alcance dos objetivos e o cumprimento da missão institucional, a imagem e a segurança da organização e das pessoas" (TCU, 2018a).

Nessa etapa, o órgão ou entidade irá definir a melhor resposta para todos os riscos aprovados: *aceitar*, *reduzir*, *evitar* e/ou *compartilhar*, podendo ser escolhida uma ou mais opções de resposta ao risco. Essa resposta visa desenvolver medidas de controle para que os riscos estejam alinhados ao apetite e à tolerância da organização.

> A avaliação dos riscos fornece subsídios para a tomada de decisão, não se constituindo em fator determinante para eventual tratamento do risco. Ou seja, cabe ao gestor, diante da lista de riscos ordenados por nível de risco, decidir quais merecerão ações mitigadoras. (TCU, 2020)

Ao concluir essa avaliação, o órgão, por meio do Comitê Setorial, será capaz de definir uma ordem de prioridade para o tratamento dos riscos, tendo como parâmetro os níveis dos riscos e o apetite a risco da organização. Caso a organização decida se aprofundar na priorização dos riscos, ela pode usar os valores resultantes da multiplicação entre probabilidade e impacto como um dos critérios de referência de priorização de riscos.

De maneira geral, os riscos altos e extremos deverão receber ações de controle adicionais, visando à redução do nível do risco, sendo que,

---

53 Apetite a risco é o nível de risco e/ou quantidade de riscos que uma organização está disposta a aceitar ou rejeitar na busca por valor.

54 Tolerância ao risco pode ser definida como a disposição da organização ou parte interessada em suportar o risco após o tratamento, a fim de atingir seus objetivos (AMN, 2013).

no caso de riscos extremos, deverão ser implementadas ações de controle imediatamente e esses riscos devem ser acompanhados de perto pelo Comitê Setorial.

Porém, a organização, dentro do apetite a risco previamente definido, pode priorizar a implantação e o monitoramento de ações de controle para riscos extremos (todos) e altos cujos valores resultantes da multiplicação entre probabilidade e impacto esteja entre 16 a 30 (ver matriz de avaliação de nível de risco – mapa de calor – item 4.9 deste manual).

Cronograma de atividades **Avaliação de riscos**
1º) Identificar, na matriz de riscos, os riscos cujos níveis não estão dentro do apetite a risco.
2º) Definir quais são os riscos-chave.
3º) Definir a melhor resposta (tratamento) para os riscos que estão acima do apetite a risco da organização: aceitar (tolerar), reduzir, evitar e/ou compartilhar.
4º) Identificar, para os riscos que estão dentro do apetite a risco, os casos que necessitam monitoramento.
5º) Preencher na matriz de riscos (*Smartsheet*) a coluna: "Resposta ao risco" (*vide* Anexo IX).
6º) Validar/aprovar com o Comitê Setorial a matriz de riscos preliminar, ou seja, preencher todas as colunas da matriz de riscos até aqui apresentadas.

4.11 Tratamento dos riscos

A etapa de tratamento de riscos consiste no planejamento e realização de ações para abordar o risco, sendo essas opções já mencionadas na etapa anterior como sendo a(s) resposta(s) ao risco, que serão agora mais detalhadas. Tendo como base os conceitos disponibilizados pela CGU (2018), as respostas aos riscos devem ser agrupadas em quatro tipos de tratamento:

1. *Aceitar*: o órgão decide não atuar em relação ao risco, pois a sua probabilidade de materialização e seu impacto são tão baixos que não justificam a criação de novos controles, ou os controles existentes já são suficientes para mitigar o risco, mantendo-o dentro do apetite da organização. Há casos em que o risco está acima do apetite da organização, mas o custo-benefício de implantação de novos controles não é aprovado

pelo Comitê Setorial, então decide-se por aceitar (tolerar) o risco.

2. *Reduzir* (*ou mitigar*): o órgão decide atuar para reduzir o nível do risco. Essa resposta consiste na implementação de ações de controle que irão atuar na redução da probabilidade de ocorrência do risco e/ou no seu impacto caso se materialize.
3. *Evitar*: o órgão decide alterar ou excluir o processo, visando impedir a materialização do risco, tal como: uma instituição decide por cancelar o fornecimento de determinado produto ou serviço por conter riscos de nível extremo.
4. *Compartilhar*: o órgão decide transferir o risco para outra entidade, em virtude de o risco ter a probabilidade e/ou o impacto tão altos que ele não consegue suportá-lo. Exemplificando: uma organização contrata uma empresa terceirizada para a execução de determinado serviço para transferir os riscos trabalhistas para a empresa contratada.

De acordo com o Guia 73[55] (AMN, 2013), "os tratamentos de riscos [...] são, muitas vezes, referidos como *mitigação de riscos, eliminação de riscos, prevenção de riscos e redução de riscos*" (grifos nossos). É interessante observar que as medidas de mitigação de riscos podem reduzir não somente o risco o para qual foram criadas, mas também outros riscos relacionados direta ou indiretamente ao processo. Além disso, "o tratamento de riscos pode gerar novos riscos ou modificar riscos existentes" (AMN, 2013).

Um exemplo de situação que modifica riscos existentes seria a implantação de um programa de capacitação contínua dos servidores da área de licitação sobre normas e procedimentos licitatórios e elaboração de termos de referência para mitigar o risco de "precificação desvantajosa". Essa ação irá tratar também outros riscos relacionados ao processo de aquisição, uma vez que melhora a habilidade da área em lidar com os processos licitatórios de uma maneira geral.

As ações de controle para tratamento de riscos envolvem, usualmente, o tratamento de suas causas, o que significa qualificar um processo e instituir procedimentos para superar fragilidades da gestão.

---

[55] AMN ISO GUIA 73:2013 fornece as definições de termos genéricos relativos à gestão de riscos. Destina-se a incentivar uma compreensão mútua e consistente, uma abordagem coerente na descrição das atividades relativas à gestão de riscos e a utilização de terminologia uniforme de gestão de riscos em processos e estruturas para gerenciar riscos.

Além disso, qualquer ação de controle que se decida implantar objetiva modificar o nível do risco.

> Quando se trata de riscos, a perspectiva não deve ser a de garantir sua eliminação, pois como se está lidando com a incerteza, em grande parte das situações a eliminação não é possível. Portanto, na maioria das vezes, serão tomadas ações para minimizar ou mitigar o risco, por meio de medidas que visam reduzir o impacto e/ou probabilidade do risco, resultando em níveis aceitáveis, compatíveis com o que a organização possa lidar sem maiores danos, sem o comprometimento do alcance de seus objetivos. (CGU, 2018)

Tendo como base esses conceitos, nessa etapa, o proprietário do risco, dentro do apetite a risco da organização, deverá implantar ações de controle que visam "atacar" as causas do risco, de modo a reduzir a probabilidade de materialização. Podem ainda implantar ações para reduzir as consequências do risco, de modo a amenizar o seu impacto caso ele se concretize, através de planos de contingência. No caso de ações de controle para atacar as causas do risco, faz-se necessário priorizar a implantação de ações que irão mitigar a causa-raiz do risco.

A etapa de tratamento dos riscos deve iniciar com a elaboração de um plano para implantar as ações de controle (projeto),[56] visando desenvolver estratégias para lidar com a exposição ao risco, o qual será denominado plano de ação. Esse projeto poderá utilizar qualquer ferramenta de planejamento com a qual o proprietário do risco estiver familiarizado, mas, caso ele não esteja habituado a realizar projetos, recomenda-se o uso da ferramenta 5W2H, devido à facilidade de aplicação.

A ferramenta 5W2H[57] pode ser utilizada por qualquer órgão ou entidade com o intuito de registrar de forma sistemática e planejada como serão realizadas as ações de controle, assim como por quem, quando, onde, porquê, como e quanto custará para a organização. Devido à praticidade dessa ferramenta, ela pode ser utilizada por qualquer organização, seja qual for o tamanho, pois não exige uma equipe técnica especializada. O proprietário do risco pode usar o modelo apresentado

---

[56] Projeto é um esforço temporário (com início e fim previamente definidos), empreendido para criar um produto, serviço ou resultado único (ou uma combinação destes). É um esforço para construir algo novo que as atividades diárias não são capazes de realizar.

[57] O nome da ferramenta representa a sigla, em inglês, das iniciais dos termos *what* (o que), *who* (quem), *when* (quando), *where* (onde), *why* (por que), *how* (como) e *how much* (quanto).

no Anexo VII deste manual e, uma vez preenchida, a planilha deverá ser anexada à matriz de riscos.

Além disso, é nessa etapa que o proprietário do risco estabelece métricas (indicador[58] e meta)[59] para todos os riscos-chave e para todos os demais riscos em que isso seja possível,[60] visando avaliar o resultado e/ou monitorar o desempenho da gestão de riscos após a implantação das ações de controle. A definição de indicador e de meta pode ser feita tanto para o risco quanto para as ações de controle,[61] e representa ferramenta essencial para avaliar periodicamente se os resultados obtidos estão alinhados com o que foi planejado.

A elaboração do indicador é de responsabilidade do proprietário do risco e ele tem liberdade para decidir qual será a melhor forma de avaliar e acompanhar o resultado da gestão do risco pelo qual ele é o responsável e, concomitantemente, se os controles implantados na mitigação do risco estão sendo efetivos. O proprietário do risco tem a opção de elaborar indicadores direcionadores[62] e/ou de resultados[63] para acompanhar a evolução do gerenciamento dos riscos.

Os indicadores direcionadores poderão ser utilizados como sinal de alerta, permitindo que sejam tomadas atitudes em tempo hábil para evitar a materialização do risco. Já os indicadores de resultados podem medir se os objetivos estão sendo atingidos e, consequentemente, o sucesso da gestão de riscos. Dessa forma, a definição de indicadores é uma importante ferramenta para monitorar o desempenho do gerenciamento dos riscos e garantir que melhorias nos processos e na gestão pública estejam sendo constantemente implementadas.

---

[58] Indicador é uma ferramenta métrica de gestão que pode fornecer dados quantitativos e/ou qualitativos sobre a performance da gestão de riscos, em particular das ações de controle implementadas.

[59] Meta é o alvo a ser alcançado. Ao definir a meta para o indicador, o proprietário do risco poderá verificar se o desempenho alcançado com o gerenciamento do risco foi acima, dentro ou abaixo das expectativas.

[60] Caso não seja possível definir o indicador para o risco, poderá ser definido o indicador para a causa-raiz do risco.

[61] A definição de indicador e meta para as ações de controle é de fundamental importância, pois eles ajudam a medir o sucesso ou insucesso da ação.

[62] Os indicadores direcionadores ou de esforço (*drivers*) monitoram a(s) causa(s) do risco, permitindo acompanhar se a estratégia estabelecida para mitigar o risco (plano de ação) está atingindo o resultado esperado.

[63] Os indicadores de resultados (*outcomes*) irão medir os resultados alcançados com a implantação das ações de controle, tendo como foco o acompanhamento do risco e o efeito decorrente da implantação destas ações.

É importante que os dados utilizados para se formar os indicadores sejam de fácil acesso e que ofereçam informações que efetivamente promovam transformações positivas.

Com relação à definição da meta, sugere-se que se utilize a metodologia SMART,[64] a qual funciona como *checklist* para verificar e avaliar se a meta possui os requisitos necessários para o alcance do resultado esperado, conforme detalhado a seguir:

- S – *Specific* (ou específica): uma meta precisa ser específica, simples e concreta, ou seja, o proprietário do risco precisa saber exatamente o que deseja alcançar.
- M – *Measurable* (ou mensurável): toda meta precisa ser quantificável para auxiliar no acompanhamento do progresso da gestão de riscos.
- A – *Achievable* (ou atingível): a meta precisa ser concretizável com os recursos financeiros e humanos disponíveis.
- R – *Relevant* (ou relevante): a meta precisa ser relevante e causar resultado positivo no processo para que todos os envolvidos se sintam motivados a alcançá-la.
- T – *Time bound* (ou temporal): a meta precisa ter prazo para ser alcançada, pois a falta do cronograma poderá levar a equipe à procrastinação.

Ademais, é nessa etapa que o proprietário do risco irá definir a forma como ele realizará o relato e o monitoramento dos riscos. Para isso, recomenda-se que ele elabore uma planilha contendo as informações necessárias para que sejam realizados o relato e o monitoramento sistemático do risco, inclusive com a definição de limites de tolerância para que ações adicionais sejam tomadas.

Após implantada a ação de controle, ela se tornará um processo[65] contínuo a ser monitorado pelo proprietário do risco. Porém, ele deverá registrar a forma como esse processo será executado, também, em uma planilha que segue alguns parâmetros do 5W2H, pois essa ferramenta apresenta os requisitos mínimos para o adequado gerenciamento de

[64] *Smart* é o acrônimo das iniciais das palavras em inglês *specific* (específico), *measurable* (mensurável), *achievable* (atingível), *relevant* (relevante) e *time bound* (temporal).

[65] Processo é contínuo (normalmente não tem fim), cíclico e padronizado em passos ou etapas, gerando o mesmo produto ou resultado várias vezes, ou seja, um processo corresponde a uma série de tarefas repetitivas relacionadas umas às outras que precisam ser executadas rotineiramente para alcançar um resultado e gerar valor.

uma ação de controle (Anexo VIII). Este último modelo de planilha deverá ser, igualmente, utilizado para registrar as ações de controle já existentes e todas as planilhas preenchidas deverão ser anexadas à matriz de riscos.

Outro ponto importante é que o monitoramento e a análise crítica devem fazer parte constante do processo de implementação do tratamento dos riscos, para assegurar que as formas de tratamento sejam de fato eficazes e para que medidas adicionais sejam implementadas tempestivamente (ABNT, 2018).

Fundamentado no manual de gestão de riscos do TCU (2020), há algumas perguntas que podem ajudar na elaboração de ações de controle:

- Que medidas poderiam ser adotadas para reduzir a probabilidade de ocorrência do risco?
- Que medidas poderiam ser adotadas para atacar a causa-raiz do risco?
- Que medidas poderiam ser adotadas para reduzir o impacto do risco no objetivo e/ou resultado?
- É possível adotar medidas para transferir o risco?
- Uma vez implantadas as ações de controle, o risco remanescente é aceitável?

(continua)

Cronograma de atividades **Tratamento de riscos**
1º) Identificar quais serão as medidas de resposta aos riscos a serem implementadas, mediante a realização de oficinas de trabalho com a participação de pessoas que conheçam bem o escopo da gestão de riscos e, de preferência, que façam parte da equipe responsável pelo processo no qual o risco foi identificado.
2º) Utilizar técnicas/ferramentas que permitam a identificação da maior quantidade de medidas de resposta ao risco possíveis, como *brainstorming*, *brainwriting*, entrevistas, pesquisas etc. (TCU, 2020).
3º) Verificar a qualidade e efetividade das respostas propostas e escolher as mais viáveis e efetivas para que a pasta consiga mitigar o risco.
4º) Elaborar plano de ação (projeto) para a implantação de cada ação de controle, sendo recomendado o uso da ferramenta 5W2H pela simplicidade da metodologia.
5º) Ponderar a exequibilidade da implantação das ações de controle, como: "custo × benefício, viabilidade técnica, tempestividade, efeitos colaterais do tratamento etc." (TCU, 2020).
6º) Estabelecer indicador(es) e meta(s) para monitorar o desempenho da gestão de riscos.

(conclusão)

Cronograma de atividades Tratamento de riscos
7º) Decidir quais ações de controle serão implantadas. Essa decisão deverá ser definida de acordo com a política de governança da organização, podendo as ações ser avaliadas e validadas pelo Comitê Setorial.
8º) Definir como serão realizados o monitoramento e relato do gerenciamento de riscos.
9º) Executar o projeto de implantação da ação de controle.
10º) Registrar (em planilha, conforme Anexo VIII) como será a execução dessa ação (processo).
11º) Preencher, no *Smartsheet*, as colunas: resposta ao risco, descrição do indicador para monitoramento, meta para o indicador e risco-chave (*vide* Anexo IX).
12º) Anexar à linha da ação de controle o plano de ação (projeto) e, uma vez que essa ação for implantada, anexar a planilha que detalha como ela será executada (processo).
13º) Definir novos tratamentos aos riscos ou aprimorar os existentes sempre que o nível do risco residual não for aceitável.
14º) Anexar ao *Smartsheet* todos os documentos produzidos nesta etapa, inclusive as planilhas elaboradas para realizar o registro e monitoramento do risco. Esta ação fornece subsídios para a realização das auditorias baseadas em risco (ABR).

4.12 Monitoramento e análise crítica

De acordo com a ISO 31000:2018 (ABNT, 2018), o monitoramento e a análise crítica visam "melhorar a qualidade e a eficácia do processo de gestão de riscos". Tanto o monitoramento quanto a análise crítica devem ser contínuos e permear todas as etapas do processo, de tal forma a identificar alterações no nível de desempenho almejado. Essa atividade compreende o acompanhamento e a verificação do desempenho global ou da situação de determinados elementos do processo de gestão de riscos (TCU, 2018c). Alguns dos objetivos do monitoramento e da análise crítica são:

- certificar a eficácia e eficiência dos controles durante qualquer etapa do processo de gestão de riscos de tal forma que não ocorra o aumento demasiado do custo;
- comunicar a performance e obter informações adicionais para melhorar o processo;
- identificar alterações no contexto externo e interno que podem levar à necessidade de rever os critérios de risco, o risco em si e os controles implantados para mitigá-lo;

- rever as causas e consequências de riscos que se materializam, bem como novos riscos relacionados a processos já mapeados;
- acompanhar a evolução do nível dos riscos que estavam dentro do nível aceitável da organização.

Uma política de monitoramento contínuo é de fundamental importância na gestão de riscos, pois permite a constante atualização do processo, ajustando tanto os riscos quanto as ações de controle às novas demandas da instituição. Em uma organização, são inúmeras as situações que podem levar a mudanças no contexto interno e externo e essas mudanças podem agregar atividades que antes não eram desempenhadas, o que, consequentemente, altera o cenário de riscos anteriormente mapeado (CGU, 2017).

O monitoramento contínuo envolve também a identificação, sempre que necessário, de novos riscos que possam afetar os objetivos da organização nos processos ou áreas já mapeadas. Além disso, através dele, é possível identificar se as ações de controle, inicialmente propostas, realmente estão sendo efetivas para mitigar os riscos, conforme previsto, e o proprietário de risco pode comunicar as fragilidades à alta gestão que, por sua vez, atuará tempestivamente, propondo alterações com vistas à maior efetividade das ações de controle (CGU, 2017).

Nessa etapa, cabe ao proprietário do risco definir os procedimentos para monitorar a materialização dos riscos e a eficácia das respostas adotadas, de tal forma que ele consiga reportar às instâncias de governança o desempenho do processo de gestão de riscos e os aspectos que requerem melhorias (TCU, 2018a). Um importante aliado no monitoramento são os indicadores de desempenho do gerenciamento de risco.

A previsão de revisão periódica do processo de gestão de riscos será definida pelo Comitê Setorial e dependerá da política de governança da organização, mas não deverá ser superior ao período de um quadrimestre. Assim, no mês subsequente a um quadrimestre, o órgão ou entidade deverá preencher o relatório de gerenciamento de riscos (etapa seguinte do processo), visando, principalmente, identificar a materialização dos riscos e a análise da efetividade dos controles implantados. É importante ressaltar que os riscos-chave devem ser monitorados em periodicidade inferior a um quadrimestre devido ao seu impacto no objetivo da organização.

Nessa etapa, por meio do monitoramento e da análise crítica, a organização deverá avançar na criação e desenvolvimento de uma cultura de gestão de riscos preventiva, para manter o contínuo tratamento dos riscos já identificados e também identificar novos riscos que possam surgir no decorrer do tempo.

4.13 Registro e relato

O registro e o relato são de fundamental importância para o processo de gestão de riscos e devem estar presentes em todas as etapas desse processo.

Os registros tempestivos são vitais para o gerenciamento de riscos porque podem ser usados para comprovar a conformidade das ações de controle, evitar possíveis responsabilizações e auxiliar no processo de reporte e de tomada de decisão.

O registro está intimamente relacionado ao relato, visto que uma falha no compartilhamento ou publicação de informações pode levar a uma tomada de decisão com consequências negativas para a organização. Com base na ISO 31000:2018 (ABNT, 2018), o registro e relato objetivam "comunicar atividades e resultados de gestão de riscos, fornecer informações para a tomada de decisões, melhorar as atividades de gestão de riscos e auxiliar a interação com as partes interessadas".

Nessa etapa, os proprietários de risco devem relatar as informações sobre o gerenciamento dos seus respectivos riscos, anexar evidências e garantir que as informações estejam disponíveis ao Comitê Setorial e, quando não se tratar de informações confidenciais, a toda organização. Por meio do registro, o proprietário do risco poderá analisar o desempenho da gestão de riscos e reavaliar os controles implantados, visando tomar medidas adicionais para melhorar esse desempenho.

Os registros do gerenciamento dos riscos, bem como os resultados da gestão de riscos, devem ser consolidados no relatório de gerenciamento de riscos. Os relatórios periódicos permitem identificar a necessidade de implantar ações de melhorias, especialmente na política, na estrutura e/ou no processo de gestão de riscos.

Inicialmente, deve ser padronizada a frequência quadrimestral para a realização desse relatório, porém o Comitê Setorial tem a discricionariedade para definir uma frequência inferior a um quadrimestre para apresentação de relatórios parciais de acordo com a política de governança da instituição e a necessidade de monitoramento dos riscos-chave. Dentro de um exercício, a apresentação e validação dos relatórios quadrimestrais deverão ocorrer nos seguintes períodos:

- relatório do 1º quadrimestre, referente aos meses de janeiro a abril, deverá ser validado no mês de maio do referido exercício;
- relatório do 2º quadrimestre, referente aos meses de maio a agosto, deverá ser validado no mês de setembro do referido exercício; e
- relatório do 3º quadrimestre, referente aos meses de setembro a dezembro, deverá ser validado no mês de janeiro do exercício subsequente.

É importante ressaltar que a frequência quadrimestral de apresentação do relatório não requer que as reuniões do Comitê Setorial, para acompanhamento da gestão de riscos, sejam somente a cada quadrimestre. Aliás, o recomendado é que o comitê participe diretamente do processo e utilize a gestão de riscos como uma das ferramentas mais importantes nas reuniões de governança, qualquer que seja a frequência delas.

O relatório quadrimestral do gerenciamento de riscos conterá as seguintes informações consolidadas:

1) número de vezes que o risco se materializou no quadrimestre. Recomenda-se que sejam informados valores absolutos e não informações indefinidas, como "várias vezes", "todo mês" etc.;
2) falhas evidenciadas nos controles/observações: descrever as falhas nos controles implantados que levaram à materialização do risco, bem como demais observações ocorridas no quadrimestre;
3) propostas para alterações dos controles: descrever as propostas de alteração dos controles, conforme a experiência no quadrimestre;
4) efetividade dos controles: classificar a efetividade dos controles implantados para mitigar o risco em inexistente, fraco, mediano, satisfatório e forte, usando como parâmetros a descrição constante no item 4.9 deste manual;
5) probabilidade atual: reavaliar a probabilidade de ocorrência do risco, após a análise de efetividade dos controles que atacam a causa;

6) impacto atual: reavaliar o impacto do risco sobre o objetivo institucional, após a análise de efetividade dos controles que atacam a consequência;
7) nível de risco atual: resultado da probabilidade × impacto no quadrimestre (preenchido automaticamente);
8) indicador de monitoramento do risco: preencher o valor do indicador de monitoramento no quadrimestre.

Outra informação relevante que o proprietário do risco deverá manter atualizada são os resultados positivos do gerenciamento do risco e se o processo de gestão de riscos trouxe alguma economia ao estado. Os resultados positivos poderão ser, por exemplo, a percepção geral do proprietário do risco, ou aqueles relacionados à redução do tempo de execução de um processo, ou a melhoria na qualidade de um serviço prestado etc.

Uma vez que, no relatório quadrimestral, serão preenchidas somente as informações consolidadas do gerenciamento dos riscos, recomenda-se que o proprietário do risco mantenha registro paralelo[66] do monitoramento dos riscos sob sua gestão, contendo informações como: registro da materialização do risco, causa(s) e consequência(s) dessa materialização, impacto (se somente local ou se atingiu outras unidades da organização ou outras organizações), análise da efetividade de cada ação de controle implantada e ações de contingência executadas para reduzir o impacto.

Nesse relatório paralelo, recomenda-se, ainda, que seja registrado um *trigger* ("gatilho" na tradução livre) ou um limite de tolerância para cada risco. O *trigger* identifica os sintomas ou sinais de alerta de que um risco ocorreu ou está prestes a ocorrer, ou seja, fornece uma indicação de quando certo risco deve ocorrer. O estabelecimento de indicadores é uma importante ferramenta para auxiliar no monitoramento e na identificação dos *triggers*.

O mais importante dessa etapa é que o proprietário do risco estabeleça uma rotina de registro dos eventos de materialização de riscos, visando criar um banco de dados para subsidiar a tomada de decisões, e defina quando as informações deverão ser relatadas à alta administração ou às partes interessadas do processo mapeado, e o que

[66] Esse registro paralelo deverá ser anexado ao *Smartsheet*.

deve ser relatado, de tal forma que a organização consiga proteger o alcance de seus objetivos institucionais.

Cronograma de atividades **Monitoramento, registro e relato**
1º) *Definir como e quando será feito o monitoramento dos riscos.*
2º) Definir como, quando e quem será responsável por relatar a materialização dos riscos em uma planilha.
3º) Definir quem será o responsável por alimentar e monitorar os indicadores.
4º) Anexar os documentos (de preferência na forma de planilha) de registro e monitoramento, inclusive com indicação do *trigger*, na linha do risco no sistema *Smartsheet*.
4º) Definir modelos de relatórios a serem encaminhados ao Comitê Setorial periodicamente.
5º) Preencher, na matriz de riscos (*Smartsheet*), sempre que forem evidenciados e especialmente a cada quadrimestre, as colunas: "Resultados positivos" e "Economia gerada".
6º) A cada quadrimestre, atualizar na matriz de riscos (*Smartsheet*) as colunas: nº de vezes que o risco se materializou; falhas de controle/observações; alterações dos controles; efetividade dos controles; probabilidade; impacto; nível de risco (cálculo automático); indicador de monitoramento do risco. Sugere-se alimentar as colunas ao longo do quadrimestre e não deixar para fazê-lo no último mês (*vide* Anexo IX).
7º) Apresentar e validar o relatório quadrimestral.

4.14 Melhoria contínua

O principal objetivo da implantação de um processo de gestão de riscos é alcançar a melhoria nos processos da organização de tal forma que se maximize a probabilidade de que os objetivos institucionais sejam alcançados. Por esse processo ser uma abordagem cíclica e necessariamente contínua, há sempre espaço para a implantação de melhorias.

A melhoria contínua é um dos princípios constantes da ISO 31000 e contribui para a criação e proteção de valor, de forma que o sucesso da gestão de riscos está em adotar verdadeiramente uma abordagem de aperfeiçoamento frequente durante todo o processo.

Os fundamentos da melhoria contínua dependem de:

- monitorar continuamente todos os aspectos da estrutura de gerenciamento de riscos;
- realizar análise crítica rotineiramente dos resultados apresentados;

- identificar mudanças no contexto interno e externo da organização;
- planejar e executar ações para melhorar a criação de valor no processo de gestão de riscos.

Os insumos para a melhoria contínua são os resultados apresentados pela gestão de riscos. Dessa forma, a reavaliação do processo pode ser realizada através de avaliações periódicas predefinidas pela alta gestão ou ser executada de acordo com as necessidades apresentadas, visando implantar medidas de melhoria na política, na estrutura e no processo de gestão de riscos.

Outro ponto fundamental é estar sempre atento ao fato de que o contexto das organizações é dinâmico e as frequentes mudanças podem trazer oportunidades e incertezas que precisam ser monitoradas, registradas e comunicadas à alta gestão.

Tendo como base esse fundamento, ressaltamos que o modelo apresentado neste manual não será algo permanente no órgão ou entidade, visto que, conforme a organização consolide a maturidade em relação ao tema, maiores são as chances de ela apresentar um modelo próprio que abrace a cultura organizacional.

CAPÍTULO 5

DESAFIOS ENFRENTADOS

O movimento inicial para a implantação da gestão de riscos foi marcado pela necessidade mundial[67] de se instituir ferramentas de controle que fossem capazes de prevenir riscos, principalmente aqueles relacionados à fraude e à corrupção.

A instituição da gestão de riscos no setor público foi sinalizada inicialmente por meio da Instrução Normativa Conjunta nº 1/2016, publicada pela CGU e pelo Ministério do Planejamento, e representou o primeiro passo na direção da adoção de políticas de integridade e de promoção do *compliance* público.

Trata-se, em primeiro lugar, de se assegurar que as políticas públicas sejam executadas dentro de padrões que garantam a entrega dos serviços que efetivamente atendam às necessidades dos cidadãos. Para isso, são essenciais a qualificação dos processos administrativos e a garantia da boa e regular aplicação dos recursos públicos.

Considerando também o contexto político-eleitoral dos anos de 2018 e 2019, o Governador Ronaldo Caiado instituiu o Programa de *Compliance* Público, como a principal ferramenta de governança do estado, e determinou que todos os órgãos do Poder Executivo estadual aderissem ao Programa.

[67] Inúmeros escândalos corporativos recentes promoveram crises com impactos na economia mundial. O elemento comum entre esses eventos é a criação de engenhosos mecanismos de fraude contábil, que passaram a ser enfrentados, principalmente, mediante a adoção de regras rígidas para garantia da conformidade legal (*compliance*) dos procedimentos de controle interno das organizações, tanto em âmbito privado como público.

Estabelecido o "tom do topo",[68] condição básica para o sucesso do empreendimento proposto, abria-se à frente o desafio de se conseguir a adesão de todos os níveis hierárquicos do Governo do estado – tarefa complexa.

A adesão compulsória ao programa proporcionou a imediata implementação do PCP (em particular da gestão de riscos) nos vinte e um maiores órgãos do estado até o final do mês de setembro de 2019, e que se alcançassem os demais rapidamente.

Assim, outros 17 órgãos foram alcançados em 2020, outros 7 no início de 2021, e cinco órgãos remanescentes foram objeto da implementação do PCP e da gestão de riscos em meados de 2021, com a ajuda da Saneago, empresa de saneamento do estado, destaque no *Ranking* PCP[69] nos anos de 2019 e 2020.

O sucesso da implementação da política, todavia, passaria necessariamente pela criação de uma cultura. Nesse aspecto, dois elementos seriam de especial relevância. O primeiro, a experiência, a experimentação, por parte dos titulares dos diversos órgãos. Conquanto a obrigatoriedade de adoção do PCP tenha sido suficiente para que os órgãos do estado experimentassem resultados relevantes, naqueles órgãos nos quais os titulares se envolveram pessoalmente e experimentaram seus benefícios, o avanço e os resultados foram evidentemente maiores e melhores. De fato, a gestão de riscos se estabelece como ferramenta de excelência para o enfrentamento das fragilidades da organização, com amplo envolvimento de diversos colaboradores que participam no projeto. Este, portanto, o segundo desses elementos: o sucesso da iniciativa torna-se garantido quando os servidores (públicos) se envolvem efetivamente no processo, participando da identificação de riscos, tornando-se proprietários de riscos, implementando as ações de tratamento e monitorando o comportamento dos riscos ao longo do tempo.

O processo de implantação de gestão de riscos enfrentou e enfrenta inúmeros desafios, os quais serão apresentados, considerando os de maior relevância, bem como as soluções possíveis para minimizá-los.

---

[68] *Ton at the top* é uma expressão em inglês utilizada para descrever o ambiente de uma organização quanto à orientação da liderança relativamente ao comportamento esperado de seus membros particularmente em relação ao modo de se fazerem negócios e à gestão de recursos.

[69] *Ranking* PCP: instrumento criado pela Controladoria-Geral do estado para medir o esforço dos órgãos e entidades do Poder Executivo do estado para implementar as diretrizes estabelecidas para os quatro eixos do programa de *compliance* público. As regras para o *Ranking* PCP e os respectivos resultados são divulgados anualmente.

A maioria desses desafios estão inter-relacionados, mas serão tratados separadamente para melhor compreensão.

5.1 Desafio 1 – Internalização da cultura de gestão de riscos

Como já se sinalizou acima, o maior desafio enfrentado até o momento é a internalização da cultura de gestão de riscos em todos os níveis hierárquicos da organização. Essa internalização está relacionada inicialmente à capacidade de se compartilhar a visão do que será feito e por que será feito, para que todos possam entender a mudança que se pretende implementar, e sua importância. A partir dessa compreensão, aumenta-se a probabilidade de que a gestão de riscos passe a fazer parte do cotidiano da entidade, do comportamento das pessoas.

No início da implantação do processo, como parece fazer parte da realidade da administração pública de todo o país, os consultores se depararam com servidores públicos habituados a solucionar problemas, ou, de forma mais popularmente conhecida, a "apagar incêndios", ao invés de preveni-los. Nesse contexto, é natural se alegar que não há tempo nem espaço para se pensar em melhorias nos processos – já há muito o que fazer e não se tem tempo para "mais uma atividade".

Nesse primeiro momento, é indispensável demonstrar que, mais do que uma nova atividade, trata-se de qualificar os processos já existentes por meio do enfrentamento de suas fragilidades, e fazer com que todos concordem em "apostar" no sucesso que inevitavelmente virá a seguir – e que de fato veio.

Uma medida essencial, adotada desde o início do processo, é a promoção do curso de capacitação em gestão de riscos, ministrado em parceria com a Escola de Governo, para todos os servidores envolvidos no programa e para todos os demais interessados pelo tema. Foi feita ampla divulgação sobre a importância da capacitação, além de incluir-se esta ação como um dos itens a serem avaliados no *ranking* do PCP. Assim, desde 2019, já foram capacitados mais de dois mil servidores públicos em gestão de riscos. Mas somente a capacitação não seria suficiente.

O tom (que vem) do topo[70] do Governo como um todo e em cada órgão e entidade, permite que os servidores se sintam seguros para experimentar algo novo. Não é necessário discorrer muito sobre essa postura, como requisito essencial para o sucesso do programa. Todo e qualquer manual sobre gestão de riscos, programas de integridade ou *compliance* afirmam o mesmo a esse respeito.

Confirmando essa percepção, verificou-se que, nos órgãos em que a alta gestão abraçou o processo e nele acreditou desde o primeiro momento, ficou evidente a evolução da maturidade (inclusive identificada por meio da auditoria baseada em riscos e da colocação obtida no *ranking* do PCP), o que permitiu o alcance de significativos resultados ao longo dos três primeiros anos de implantação do Programa, inclusive com significativa economia aos cofres públicos.

Naturalmente, algumas pastas não conseguiram tanto sucesso em se desapegar do modelo de "apagar incêndio", deixando de priorizar a implantação do processo. Estas alcançaram pouca ou nenhuma mudança significativa na forma de gerenciar e pouco evoluíram em maturidade para a gestão de riscos nos mais de três anos de Programa. Apenas cumpriram com a obrigatoriedade de se implantar o processo, sem real adesão ao processo, sem internalização da cultura e, obviamente, com menos resultados positivos alcançados. Nestas situações, inclusive, estabelece-se a percepção de que o processo não é eficaz e não vale o esforço a ser empreendido, o que realimenta a resistência às mudanças.

Não é necessário discorrer longamente sobre essas dificuldades naturais do processo de mudança organizacional. Para enfrentá-las, a gestão de riscos coloca em cena um elemento essencial: seu aspecto colaborativo, a participação de um grande número de servidores para realizar a identificação e o tratamento de riscos, além da avaliação constante de toda a atividade, com particular importância para a mensuração dos resultados obtidos. Cria-se, assim, um ambiente de participação ampla, que produz segurança e confiança em toda a equipe e, mais do que isso, o sentimento de pertencimento. É a salutar mescla dos modelos de gestão *top down* e *bottom up*. Para Daniel Pink,[71] a melhor forma de

---

[70] O compromisso da alta gestão será tratado de forma mais detalhada, à frente.

[71] Daniel H. Pink escreveu o livro *Drive – The surprising truth about what motivate us*. Nesse livro, ele aborda os três pilares da motivação intrínseca do ser humano, sendo eles: 1) autonomia (*autonomy*), que é o desejo humano de estar no controle da própria vida; 2) maestria ou domínio (*mastery*), que é a necessidade do ser humano de se tornar bom em algo importante;

se motivar as pessoas é por meio da ativação de todo o seu potencial, concedendo-lhe autonomia, domínio e propósito. O que mais as inspira é o forte e convincente senso de propósito.

Como já mencionado, a determinação do governador para que fosse implantado o programa de *compliance* e, em particular, a gestão de riscos, foi crucial para o sucesso da empreitada. Todavia, em um universo com tantos atores, muitas vezes tão afastados hierarquicamente do chefe do Poder Executivo, é necessário que outros agentes desempenhem o papel de conduzir essa orientação e determinação a todos os âmbitos a serem alcançados.

Para inspirar a visão e motivar as pessoas a conhecerem e passarem a usar a ferramenta, os consultores desempenharam e continuam desempenhando papel fundamental, disseminando conceitos e boas práticas, e demonstrando importância e – principalmente – os benefícios obtidos mediante a implementação da gestão de riscos. Nesse sentido, a implementação de ações de divulgação/comunicação específicas para a gestão de riscos e seus resultados foi indispensável.

A partir da provocação dos consultores, alguns órgãos realizaram eventos específicos sobre gestão de riscos, nos quais os proprietários de riscos apresentaram as ações de controle implementadas e os resultados alcançados, com o cuidado de demonstrar que a ferramenta não é complexa, e que a adoção de ações simples é capaz de garantir melhoria significativa nos processos administrativos e trazer economia aos cofres públicos – além de outros benefícios igualmente relevantes. Em alguns casos, as pastas convidaram servidores de outros órgãos, iniciativa saudável de promoção de *benchmarking*.

A ideia de divulgação de resultados evoluiu para uma nova proposta: convidar os proprietários de riscos de todas as pastas para, de forma espontânea, gravar vídeos curtos, com duração em torno de um minuto, com o depoimento pessoal acerca dos benefícios concretos alcançados por meio do gerenciamento dos riscos. Sugeriu-se que o vídeo abordasse o risco/causa, ação adotada e resultado alcançado. Em pouco tempo, recebemos o depoimento de 16 voluntários. O material foi editado e disseminado para todos os órgãos, por meio das redes sociais, apresentações e oficinas realizadas de forma setorial.

e 3) propósito (*purpose*), que é o desejo de fazer o que fazemos baseados em algo muito maior que nós mesmos. Ele afirma que as pessoas são muito mais motivadas, produtivas e criativas quando são motivadas por si próprias e não por elementos externos.

Como era de se esperar, o efeito foi multiplicador. Passamos a receber mais depoimentos espontâneos e inserimos nas matrizes de riscos uma coluna específica para que o proprietário de riscos pudesse, ao longo do seu gerenciamento, relatar os resultados alcançados. Já no final de 2020, criamos uma premiação simbólica aos proprietários de riscos que mais se destacaram no trabalho, como mais uma forma de estimular a participação dos servidores.

Para afirmar que uma organização internalizou a gestão de riscos na sua cultura, é necessário perceber que a ferramenta está incorporada nas práticas e comportamentos do dia a dia dos colaboradores. Isso só será possível com a persistência na implementação de ações como as apresentadas até aqui.

5.2 Desafio 2 – Cronograma de curto prazo para implantação da gestão de riscos

Quando a Portaria CGE nº 41/2019 foi publicada, ficou estabelecido o prazo de 120 dias para a implantação da gestão de riscos em vinte e um órgãos do Poder Executivo estadual, e até novembro do referido ano nas demais pastas.[72] Esse prazo inicialmente definido foi considerado bastante ousado para a maioria dos servidores que fariam parte do processo – particularmente para os consultores, tendo em vista que, até aquele momento, poucos conheciam acerca da gestão de riscos e suas etapas de implantação.

Após a publicação desta portaria, o grupo de trabalho por ela definido[73] não teve tempo suficiente tanto para se aperfeiçoar no gerenciamento de riscos quanto para ampliar o conhecimento sobre a realidade da pasta à qual a consultoria seria prestada. O grupo que executou os trabalhos foi adquirindo experiência ao longo do processo, após uma rápida capacitação inicial.[74]

---

[72] *Vide* art. 1º, §1º, da Portaria CGE nº 41/2019.

[73] *Vide* Anexo II, da Portaria CGE nº 41/2019, posteriormente alterado pela Portaria CGE nº 43/2019.

[74] A capacitação foi conduzida por Lúcio Carlos de Pinho Filho, ex-subcontrolador de controle interno e ex-controlador-geral do Distrito Federal, utilizando-se o modelo desenvolvido por ele e por Marcos Tadeu de Andrade, ex-controlador-adjunto do Distrito Federal e então responsável pela implementação do PCP no Estado de Goiás na condição de subcontrolador de controle interno e correição do estado.

Como resultado, algumas pastas concluíram as entregas dos produtos da consultoria[75] no prazo adequado, todavia, sem que se estabelecesse a efetiva assimilação dos conceitos e a esperada mudança na cultura na organização – havia clara resistência por parte de vários agentes que participaram do processo.

Como era de se esperar, a internalização do processo ocorreu de maneira mais acelerada em alguns órgãos em relação aos demais. A empresa de saneamento do estado, Saneago, até por força de lei,[76] já desenvolvia a gestão de riscos; o Corpo de Bombeiros Militar, em função da natureza de suas atividades finalísticas – que se trata essencialmente de ações de prevenção à materialização de riscos –, construiu rapidamente sua política de gestão de riscos e a implementou, inclusive com a criação, em meados de 2020, de seu escritório de *compliance*.

Mesmo com as resistências, o resultado inicial de quase um ano de trabalho se apresentava promissor, conforme detectado nas auditorias baseadas em risco (ABR) realizadas no final do segundo semestre do ano de 2019 para mensuração da maturidade do processo nos 21 órgãos que inicialmente receberam consultoria para implementação da gestão de riscos. Os resultados das ABRs seriam os principais insumos para definição do *ranking* do PCP, que foi divulgado em um dos eventos realizados pela CGE na semana internacional de combate à corrupção, dias 4 a 9.12.2019.

As premiações concedidas em função da classificação no *ranking* foram um excelente elemento motivador para, em parte, superar-se a resistência encontrada pelos consultores.

Ao final daquele exercício, após a realização do evento de premiação dos melhores do *ranking*, a CGE percebeu a necessidade de realizar reuniões individuais entre seu titular e os titulares de cada órgão, com a participação dos consultores e das equipes que tinham a incumbência de conduzir a implementação da gestão de riscos. O objetivo foi obter de cada órgão a avaliação sobre o desenvolvimento do PCP, em particular da gestão de riscos. Talvez em função da motivação gerada pela premiação do *ranking*, e a proximidade do evento que tinha sido realizado há poucos dias, os comentários dos titulares das diversas

---

[75] *Vide* art. 1º, §2º, da Portaria CGE nº 41/2019.

[76] Lei das Estatais: Lei nº 13.303/2016, art. 6º, *caput*; art. 9º, *caput*, e incs. II e VI e §2º; e art. 18, inc. II.

pastas faziam referências, principalmente, aos critérios adotados para a pontuação no *ranking*, com críticas e sugestões para a edição de 2020.

A realização dessas reuniões foi de fundamental importância para se avaliar o trabalho feito até então, representando uma "pausa para respirar", e se fazerem alguns ajustes para o ano seguinte.

O que se estabeleceu de forma mais clara, a partir da análise de cada reunião e do conjunto das informações recebidas, foi a necessidade de simplificação de todo o processo. Dessa forma, foram implantadas mudanças na forma de desenvolver cada etapa do processo de gerenciamento de riscos, com a simplificação dos produtos e da matriz de riscos, permitindo, assim, que durante a implantação ou expansão do programa, cada ciclo pudesse ser executado em prazo menor.

5.3 Desafio 3 – Percepção de que o processo de gestão de riscos fosse atividade da CGE

Talvez seja este o maior risco enfrentado no processo de implementação da gestão de riscos, particularmente na busca da internalização da cultura. O consultor, que é servidor da CGE e o "especialista" no assunto, enfrenta o risco de que a equipe do órgão, ou mesmo que todo o órgão, não perceba que a gestão de riscos é uma ferramenta de gestão interna, e a entenda como um processo, uma atividade (no caso do estado de Goiás) da CGE. Neste caso, é quase certo que a iniciativa fracasse.

A fase inicial de implantação do processo contou com a participação ativa dos consultores, que estavam presentes nos órgãos para orientar e direcionar o processo de gestão de riscos, conforme as diretrizes estabelecidas pela CGE. Coube a eles coordenar as atividades iniciais de estruturação em cada organização, e a atividade de mapeamento de riscos, indicação dos proprietários, definição das ações de controle etc. Ao longo do tempo, essas atividades deveriam ser assumidas pelo órgão.

Devido à forma de trabalho que a CGE desempenhava antes da implantação do Programa de *Compliance*,[77] havia grande resistência dos servidores públicos estaduais em "ouvir" o que realmente estava

---

[77] A atuação da CGE, como de resto ocorria àquela época nos demais órgãos de controle interno do país, concentrava-se no modelo de realização de fiscalizações a posterior, com orientação punitiva, e nas ações de controle mandatórias, como as prestações de contas anuais. A nova abordagem, em linha com as melhores referências internacionais na área, apontava para a necessidade de que o órgão, e seus colaboradores, passassem a desempenhar

sendo proposto, sem acreditar que o programa não tivesse algum viés repressivo e punitivo.

Em diversos órgãos, portanto, em função do modelo tradicional de trabalho da CGE, aliado à percepção de que a gestão de riscos era uma atividade da CGE e não do próprio órgão, a atividade foi aceita somente porque havia a necessidade de se atender à orientação maior do Governo. Além disso, por diversas vezes, a percepção era de que estava sendo imposta a realização de mais uma tarefa para áreas que já se sentiam sobrecarregadas com suas diversas atividades. Assim, houve grande demora em se perceber que a nova ferramenta poderia ser um importante recurso na melhoria dos processos que executavam, no dia a dia de trabalho, e que precisava ser internalizada.

Percebendo essa resistência natural que iriam enfrentar, os consultores tinham como principal missão o estabelecimento de relações de confiança com os servidores da pasta e com a alta administração, explicando que estavam disponíveis para orientá-los e apoiá-los no que fosse necessário até que o processo de gestão de riscos estivesse internalizado. Nos órgãos nos quais esse tipo de relação se estabeleceu de forma natural, verificou-se uma rápida e significativa evolução da maturidade em gerenciamento de riscos, e resultados positivos foram alcançados.

Em outros casos, houve o remanejamento ou mesmo substituição dos consultores, na tentativa de buscar melhor sintonia entre os órgãos e a consultoria. A experiência foi exitosa na maioria das situações.

A assinatura do termo de compromisso entre a CGE e cada um dos órgãos participantes – assinado por seus titulares – cumpriu o duplo propósito de firmar o compromisso público da alta gestão do órgão com o programa, e expor com clareza sua natureza colaborativa, de forma a sensibilizar os participantes e facilitar o trabalho dos consultores.

Ao longo desses três anos de Programa, sempre que a consultoria percebia a necessidade, foram agendadas reuniões entre a alta gestão da CGE e os titulares dos órgãos com esse mesmo propósito, buscando demonstrar as vantagens da implantação da gestão de riscos para colaborar tanto com a melhoria dos processos executados pelas diversas áreas dos órgãos quanto o alcance dos objetivos da organização.

---

ações majoritariamente consultivas, de forma preventiva, com espírito colaborativo. Essa, todavia, não era a forma como o órgão e seus colaboradores eram vistos naquele momento.

Foi de grande importância a criação de áreas especializadas[78] em cada pasta composta por servidores em exercício na organização, os quais se tornaram responsáveis por dar apoio, monitorar e orientar os proprietários de riscos e fazer o reporte ao Comitê Setorial nas demandas relativas ao PCP. Uma vez criada uma área dentro da organização que, ao mesmo tempo, entende a cultura organizacional, conhece bem os servidores e produtos que entregam e assimila com maior nível de detalhes a teoria e a metodologia da gestão de riscos, tornou-se mais fácil a interlocução entre a CGE, na figura do consultor, e os proprietários de riscos, o que contribuiu decisivamente para melhor internalização da cultura proposta.

Tais medidas, embora simples, estão permitindo aos poucos que a organização e seus servidores se sintam "donos" do processo e, consequentemente, a consolidação da metodologia de gestão de riscos na Administração Pública do Poder Executivo do estado.

5.4 Desafio 4 – Comprometimento e apoio da alta gestão

Dada a relevância do tema, é importante destacá-lo, a despeito de que a questão já tenha sido evidenciada nos itens 5.1 e 5.3, acima. *The tone at the top*, expressão já mencionada, evidencia a necessidade de que a alta gestão não somente apoie, mas efetivamente lidere as iniciativas prioritárias e que abrangem a totalidade do órgão, e do próprio Governo. Neste caso, particularmente em função da profunda mudança de cultura que o programa impõe, essa liderança do processo se torna ainda mais necessária.

Dois problemas são naturalmente o objeto de maior enfrentamento: a inércia natural em relação aos processos já estabelecidos anteriormente ("sempre foi feito assim"), e o esforço inicial para a implementação do programa, normalmente diante do cenário de sobrecarga de trabalho.

Quanto ao primeiro destes elementos, foi indispensável, inicialmente, a clara orientação da alta gestão do governo quanto à obrigatoriedade de implementação do programa e, no decorrer do tempo, a contínua lembrança desta orientação. Nesse sentido, a edição do decreto que instituiu o PCP e a assinatura do termo de compromisso em cada

---

[78] Essas áreas normalmente são chamadas de escritório de *compliance* ou secretaria executiva.

órgão são ações que, além da importância normativa, têm também um alto valor simbólico. No decorrer do processo, é indispensável que a alta gestão acompanhe de forma contínua os resultados alcançados e os divulgue para toda a organização.

Quanto ao segundo problema, espera-se que a gestão de riscos, uma vez implementada, contribua para a qualificação dos processos, aumente a produtividade do órgão e, consequentemente, permita um alívio na carga de trabalho. Todavia, de início, há um esforço adicional a ser feito, em relação às atividades que já vinham sendo desenvolvidas. E, mais uma vez, a constante afirmação da importância do programa, pela alta gestão, torna-se indispensável.

A alta gestão de cada órgão deve participar, monitorar e avaliar a efetividade do gerenciamento de riscos em todas as áreas/processos mapeados. Não só em função da necessidade de se manter o contínuo interesse e dedicação de sua equipe, mas, principalmente, pela excelente ferramenta de promoção da governança que é a gestão de riscos. Nessa linha, a alta gestão é também responsável pela divulgação e disseminação da política de gestão de riscos e dos resultados alcançados em toda a organização, o que motiva, gera pertencimento e contribui diretamente na internalização da cultura.

Como já se disse, é notória a diferença na evolução da maturidade em gerenciamento de riscos[79] e melhoria dos processos nas pastas em que houve maior envolvimento e apoio da alta gestão. Naturalmente, existem diferenças no interesse e no entusiasmo do gestor quanto ao engajamento no processo, o que se mostra decisivo quanto aos resultados alcançados.

Os consultores responsáveis pela coordenação do programa e o restante da equipe da CGE só conseguem desempenhar suas atividades quando se estabelece esse nível de compromisso da alta gestão do órgão.

Duas medidas tiveram grande impacto para o enfrentamento de situações nas quais o envolvimento da alta gestão dos órgãos não era adequado. A primeira, já mencionada anteriormente, foi a realização de reuniões de conscientização entre o controlador-geral do estado e os titulares das pastas, principalmente aqueles que tinham maior resistência às mudanças ou que, apesar de não terem resistência, também não apoiavam de maneira decisiva. Nesse particular, é de fundamental

---

[79] A evolução da maturidade em gestão de riscos foi avaliada durante as auditorias baseadas em riscos realizadas ao final de 2019 e 2020.

importância que a gestão de riscos seja implementada no próprio órgão que está à frente do processo, no caso, a CGE. Não é razoável que o órgão de controle não tenha sua própria política de gestão de riscos, que vai incluir, até mesmo, a atividade de coordenar o programa em todo o estado.[80]

A outra medida foi a criação de um curso de gestão de riscos, ministrado pela Escola de Governo, específico para a alta gestão. Esse curso foi elaborado com duração inferior ao curso completo e regular, tornando sua acessibilidade moldada à agenda dos titulares. O conteúdo do curso foi direcionado no sentido de se apresentar uma visão geral e prática sobre o gerenciamento de riscos e sobre a importância dessa atividade para a implantação de controles estruturados que mitigam os riscos que possam impedir o alcance dos objetivos da organização, influenciar na tomada de decisões e no fortalecimento da governança na Administração Pública.

O que se percebeu a partir de então foi uma maior intimidade de alguns destes gestores com o tema e consequentemente o aumento do interesse pelo uso da ferramenta.

Sem o envolvimento efetivo da alta gestão, o processo de implementação da gestão de riscos está certamente fadado ao fracasso.

5.5 Desafio 5 – Execução do processo de gerenciamento dos riscos

A execução bem-sucedida da gestão de riscos no Estado enfrenta contínuos desafios. Mesmo decorridos mais de três anos do início do processo, é indispensável o cuidado constante em se manter o processo ativo. Mesmo naqueles órgãos que demonstram claramente maior internalização da cultura e assimilação do processo, o cuidado deve ser constante.

Nesse sentido, o agente que merece especial atenção é o proprietário de risco. É ele que, em conjunto, no âmbito do estado, promove a qualificação dos processos administrativos em cada órgão.[81]

---

[80] O Anexo X traz a matriz de riscos que contém, especificamente, a matriz de riscos de propriedade da gerência de auditoria em *compliance*, relativa à gestão de riscos da CGE relativamente à atividade de gestão de riscos no estado.

[81] Esse é um dos aspectos mais interessantes da gestão de riscos, quando aplicada a processos e não somente à estratégia: trata-se de um grande número de servidores agindo ao mesmo tempo em diversas frentes, promovendo melhoras pontuais e gradativas nos processos

Já a partir da análise da estrutura do programa, é possível verificar a importância do proprietário de riscos em todo o processo. Na prática, isso ficou claramente exemplificado em função de diversas situações nas quais o proprietário de riscos coordenou a implementação de soluções para casos críticos. Mais à frente, serão apresentados vários exemplos.

Para além do cumprimento da obrigação, da responsabilidade que lhe é atribuída, o proprietário de riscos, em particular e, de maneira ampla, toda a equipe responsável pelo programa, desenvolve uma relação de pertencimento com o órgão, na medida em que a gestão de riscos é implementada. Ele participa da etapa de identificação de riscos, da identificação das causas que podem levar à sua materialização, e, a seguir, da definição e implementação das ações de controle. É comum ver o aprofundamento do envolvimento dos servidores com o órgão, com as atividades do órgão e a preocupação com o cumprimento de sua missão.

Obviamente, tendo em vista o contexto estadual, com 45 órgãos já praticantes da gestão de riscos, cada qual com seu grau de evolução e maturidade para com o Programa, verifica-se um cenário bastante diverso quanto à percepção, à participação e à dedicação dos proprietários que executam o processo de gerenciamento de riscos.

Assim, numa visão cronológica da implementação e do desenvolvimento do programa, desde os requisitos quando da implantação, passando pela gestão em si e terminando na busca por melhorias, identificam-se, a seguir, alguns dos pontos mais relevantes no desafio de se executar o gerenciamento dos riscos:

I – Adesão ao novo programa do Governo.

A resistência à implementação do programa, já mencionada anteriormente, é comum entre os proprietários de risco. Isso porque, no processo, essa responsabilidade acaba recaindo, naturalmente, sobre ocupantes de cargos de gerência nos diversos órgãos. São servidores que, via de regra, encontram-se assoberbados com muito trabalho, muitas vezes carentes de pessoal técnico capacitado ao trabalho regular. A esses profissionais é imposto um cronograma inicial exíguo para o planejamento e início dos trabalhos pertinente à implantação do PCP – em particular a gestão de riscos – em suas áreas.

administrativos, constituindo um amplo movimento de qualificação da gestão por meio do agregado de suas ações.

Parece contraditório, mas esse ambiente de alguma forma acaba se constituindo em uma zona de conforto, na qual as urgências e emergências não permitem que sobre tempo para quaisquer outras atividades além daquelas que já são desenvolvidas. Ações estruturantes, ainda que venham no futuro a simplificar processos de trabalho, vão, necessariamente, demandar esforço adicional no primeiro momento. A isso se acrescenta a desconfiança inicial mediante a qual, acertadamente, os gestores olham para inovações. De fato, muitas delas se revelaram modas passageiras – o que não é o caso da gestão de riscos.

Cabe aos consultores dedicar especial atenção ao proprietário de risco, desde o início do processo. Ele é responsável por fazer com que o proprietário de riscos descubra, rapidamente, que a gestão de riscos pode e vai ajudá-lo no desempenho de suas tarefas. "Por que fazer gestão de riscos pode me ajudar a trabalhar?!". A internalização desta resposta é essencial para o convencimento e a adesão de cada membro da equipe e, em particular, dos proprietários de riscos.

À CGE coube, e cabe, o papel consultivo em todas as etapas do processo, com esse particular cuidado de aproximação com os proprietários de riscos, tanto na fase inicial de convencimento/adesão ao programa, como para ajudá-lo a visualizar (e registrar) os avanços, as conquistas que a gestão de riscos proporcionou ao órgão, e a seu trabalho pessoal.

II – Capacidade de entendimento quanto aos instrumentos e demais requisitos formais que dão materialização ao processo de gestão de riscos.

Novamente, em função da adesão compulsória ao programa, resistências e visões distorcidas e incompletas precisam ser superadas. Como em qualquer trabalho público executado, a formalização se faz necessária e evidências precisam ser registradas. Formulários, planilhas e demais instrumentos são resultados de pesquisas, de sugestões metodológicas oriundas da literatura estudada e, assim como o programa como um todo, são constantemente revisados em um processo de melhoria contínua. Diante disso, fazem-se necessárias a devida apresentação e utilização dos instrumentos e a compreensão de cada campo a ser preenchido, seja para se materializar o trabalho desempenhado, seja para se cumprir obrigações necessárias à conclusão de todas as etapas da gestão de riscos. Esse processo de registros contínuos culmina com uma auditoria baseada em evidências, como forma de se avaliar o trabalho.

Os proprietários de riscos, apesar de usualmente ocuparem a função de gestores de determinada área, não necessariamente são capacitados ou estão preparados para manusear as ferramentas próprias do programa. O conhecimento e mesmo as habilidades de cada um dos proprietários não são uniformes e, por isso, precisam ser considerados no aprendizado para a prática da gestão de riscos. Em muitas oportunidades, diante de certas dificuldades, os proprietários de riscos não se valem de todos os instrumentos que poderiam e deveriam ser facilitadores do trabalho, encarando-os como algo burocrático. Por outro lado, a preocupação excessiva com a forma, em detrimento do valor do conteúdo, deve ser devidamente monitorada pela consultoria, pois o foco na documentação produzida sem se internalizar o propósito não atinge o objetivo do programa, não muda cultura, não agrega valor.

Entender que etapas burocráticas são necessárias, e que existe um valor nisso, é um grande desafio ao proprietário. No desempenho de suas atividades diárias, muitas vezes os servidores têm dificuldade em compreender o que fazem, e porque fazem – e isso é mais um risco para a própria gestão de riscos. Culturalmente, simplesmente fazemos, e temos a tendência de trabalhar sem planejar e sem criticar, rever e melhorar. E, pior, sem avaliar os resultados alcançados. É essencial conseguir olhar para todo o material produzido e ver a conexão entre todas as etapas, ver a teoria materializada na prática, compreender que as evidências e os registros expressam a riqueza de um trabalho verdadeiramente executado e entender que, ao se dedicar tempo aos registros, há uma grande oportunidade de se aprender, de se criticar, de se autoavaliar e de melhorar.

Só se entenderá a efetividade das ferramentas da gestão de risco na prática, se houver um aprendizado mínimo teórico quanto à metodologia do trabalho proposto. É preciso internalizar que o dispêndio de tempo se capacitando e a utilização de cada ferramenta do programa resultarão em ganho futuro para a execução do programa e, acima disso, ajudarão a assegurar o alcance dos objetivos e metas os quais o órgão se propõe a atingir.

III – Capacitação adequada para preparação do proprietário de risco.

A Escola de Governo do Estado desempenhou papel essencial para a consolidação do PCP. No primeiro momento, a maior dificuldade foi o fato de que havia um único instrutor capacitado para ministrar os cursos, que precisavam ser abertos para atender à demanda dos primeiros vinte e um órgãos nos quais a gestão de riscos foi implantada, o que trouxe limitações óbvias, e algumas frustrações de servidores das diversas pastas que precisavam adquirir conhecimento necessário. A quantidade de turmas oferecidas não foi suficiente para atender a toda a demanda.

Passados os primeiros meses do ano de 2019, alguns consultores foram adquirindo conhecimento e experiências suficientes para se qualificar como instrutores da Escola, melhorando, aos poucos, a oferta do curso. E isso não só em relação ao eixo gestão de riscos, do PCP, mas, também, em relação aos demais eixos (ética, transparência e responsabilização). Dessa forma, a Escola de Governo certificou, nos quatro eixos do programa, 1.613 servidores já em 2019, 2.012 servidores em 2020 e 2.736 servidores até meados de 2021. Foi criada, ainda, a Certificação em *Compliance*, diploma concedido àqueles que fizessem todos os cursos do programa e, adicionalmente, cursos complementares relacionados à temática, previamente selecionados pela Escola, num total de 180 horas de carga horária. A certificação em *compliance* já foi concedida a 130 servidores desde sua implantação em 2019.

Conquanto a oferta tenha aumentado consideravelmente, a demanda continuou elevada. Principalmente em função das exigências relativas ao *ranking* do PCP. Particularmente em função do sucesso do programa, do contínuo apoio da alta gestão a partir do governador, esta demanda permaneceu elevada, e todas as vagas abertas relativas ao PCP são rapidamente preenchidas, mesmo após quase três anos de início do programa.

Cada órgão enfrenta problemas específicos. Enquanto os de menor porte encontraram dificuldades para indicar o mínimo necessário de servidores, os maiores já se depararam com a falta de vagas para todos os interessados, ou indicados.

Percebe-se a necessidade de definição de uma política de formação continuada para os proprietários de riscos, o que ainda não foi possível estabelecer.

Outro aspecto que interfere no aprendizado necessário para se fazer rodar uma gestão de riscos reside no sentimento de ilha. A gestão de riscos deve ser adequada ao cenário de cada organização, cujas particularidades são extremamente relevantes. A troca de informações, o *network* entre as pastas – e, particularmente, entre os proprietários de riscos –, especialmente a respeito de experiências vivenciadas, com compartilhamento de dificuldades e boas práticas, é um desafio.

Oficinas temáticas com metodologias lúdicas diversas, treinamentos pontuais, reuniões técnicas, apresentações de *cases*, parecem ser soluções possíveis para se aumentar o senso de pertencimento, dar maior identidade aos diversos atores neste processo e favorecer a gestão de riscos com proposta de tratamento de riscos uniformizada, sempre que couber, com vistas à maior efetividade no alcance aos resultados, especialmente quando se tratar de riscos transversais entre os diversos órgãos.

Os três primeiros anos de implementação do programa mostram que o processo de amadurecimento é contínuo e indispensável. Conquanto trate-se de um programa do atual Governo, é desejável que se torne uma atividade permanente, uma política de Estado, utilizada tanto na criação do planejamento estratégico como na execução das tarefas mais simples que compõem a execução das políticas públicas.

A capacitação de servidores no âmbito do PCP, como já foi dito, sofre e sofre com limitações relativas à demanda existente, em parte por conta dos critérios exigidos pelo *ranking* do PCP, em parte em função da demanda por capacitação mais aprofundada para os proprietários de riscos.

Como experiência positiva, verifica-se que a criação dos cursos de capacitação ao longo do processo de implementação do PCP produziu grande integração entre teoria e prática. Era desejável que os cursos do PCP pudessem ter tido mais turmas ofertadas desde o início, que houvesse mais instrutores, que o conteúdo teórico tivesse sido disseminado mais rapidamente. Todavia, pareceu-nos mais adequado não retardar a implementação do programa em função desta carência, e tal decisão revelou-se acertada.

A realidade de cada ente que deseja implementar algum programa equivalente ao PCP goiano será obviamente diferente. Parece-nos que a necessária capacitação dos servidores pode e deve ser desenvolvida concomitantemente com a implementação do programa, principalmente em função do prazo necessário para assimilação de um programa com esta envergadura.

Por fim, é bom advertir a respeito da necessidade de se enfatizar e aprofundar a qualificação dos proprietários de riscos.

IV – Melhor aproveitamento da consultoria/assessoria fornecida.

Após três anos de programa, é perceptível a linha tênue que existe entre teoria e prática no que diz respeito ao alcance do papel do consultor em gestão de riscos dentro de cada pasta. A consultoria é atividade da auditoria interna[82] e, portanto, responsabilidade da terceira linha.[83] Contudo, a experiência no âmbito do PCP demonstra a necessidade de o consultor avançar um pouco mais no seu papel de facilitador da implementação da gestão de riscos.

A despeito dos requisitos mínimos impostos e cobrados pela CGE para implementação da gestão de riscos ao longo de cada exercício, a literatura a respeito do tema[84] demonstra que não se deve levar uma proposta engessada, pronta, fechada. Cabe à cada organização modelar a sua própria, respeitando inclusive seu grau de maturidade em gestão de riscos. Nesse particular, a vivência do consultor como auditor interno o credencia como servidor capaz de conhecer o contexto e orientar o órgão a ajustar as exigências do programa à sua realidade e necessidades. Entender o negócio na organização e do seu escopo não é obrigatório para o consultor. Porém é perceptível, na prática, que aqueles que se harmonizam com maior profundidade no cenário de cada instituição se tornam ponto focal de maior amparo para a execução e colaboram de forma mais decisiva para o sucesso do programa.

Cabe à própria consultoria, desde o início, auxiliar os proprietários de riscos de forma que eles se sintam aptos e capazes de executar a gestão de riscos, tendo atitudes proativas e não apenas reativas às demandas da CGE.

Neste sentido, o maior desafio do consultor é fazer o proprietário de risco entender que aplicar o programa é atributo da pasta e não do órgão consultivo e seu pessoal. Essa tarefa pode demandar, como de fato ocorreu, na intervenção do titular da CGE junto aos titulares dos órgãos, e até mesmo do próprio governador do estado.

Cabe à CGE avaliar continuamente o desempenho de seus consultores, inclusive mediante conversas com os titulares e responsáveis pela

---

[82] De acordo com o Instituto de Auditores Internos do Brasil (IIA, 2020), "a auditoria interna é uma atividade independente e objetiva de avaliação e consultoria, criada para agregar valor e melhorar as operações de uma organização. Ela auxilia a organização a atingir seus objetivos a partir da aplicação de uma abordagem sistemática e disciplinada à avaliação e melhoria da eficácia dos processos de gerenciamento de riscos, controle e governança".

[83] Segundo o modelo das três linhas, "a auditoria interna presta avaliação e assessoria independentes e objetivas sobre a adequação e eficácia da governança e do gerenciamento de riscos. Isso é feito através da aplicação competente de processos sistemáticos e disciplinados, expertise e conhecimentos. Ela reporta suas descobertas à gestão e ao órgão de governança para promover e facilitar a melhoria contínua" (IIA, 2020).

[84] Um dos princípios da ABNT NBR ISO 31000:2018 (ABNT, 2018) diz que "a estrutura e o processo de gestão de riscos devem ser personalizados e proporcionais aos contextos interno e externo da organização".

gestão de riscos dos diversos órgãos. Questões de preferências pessoais, de conhecimento e capacitação, de relacionamentos podem demandar trocas de consultores entre os órgãos, para otimização de resultados.

V – Obscuridade quanto à conquista e percepção de resultados obtidos com a gestão de riscos.

Identificar a efetividade da gestão de riscos é fator-chave para que o programa tenha êxito. Obviamente essa é a realidade não apenas desse tipo de atividade no âmbito público, usualmente já sobrecarregado com tarefas que se superpõem, muitas vezes sem identificação de sua utilidade. A legitimação da gestão de riscos, em qualquer órgão, passa pela identificação e divulgação dos resultados obtidos.

A falta de percepção de resultados muitas vezes se relaciona com a dificuldade de mensurar dados que identificam os avanços e de registrar evidências, particularmente quando essas atividades demandam a participação de diversos atores. Por menores que sejam os resultados, todos devem ser identificados, registrados e divulgados, pois, como já dito, são eles que legitimam o programa. De fato, se a gestão de riscos não colabora para o alcance dos objetivos dos órgãos, não faz sentido sua utilização. Assim, tanto o titular do órgão, como o Comitê Setorial e, em particular, os proprietários de riscos, deverão ter em mente a obrigação de se registrarem os avanços alcançados – cada um deles.

O proprietário de risco precisa ter a seguinte resposta sempre em mente: "que resultados tenho colhido com a aplicabilidade da gestão de riscos no meu trabalho?". Tais respostas devem ser motivadoras para se querer cada vez mais aprender e pôr em prática o programa, contribuindo assim para se elevar o grau de maturidade da instituição.

Cabe ao consultor, a todo tempo, não só colaborar no desenvolvimento de cada atividade do proprietário de riscos, mas, também, incentivá-lo a mensurar, registrar e divulgar os resultados alcançados. Apesar de continuar sendo um desafio do programa, é perceptível a evolução dos registros dos resultados nas matrizes de riscos, tanto em quantidade quanto em qualidade das informações.

5.6 Desafio 6 – Disseminar as boas práticas alcançadas com a gestão de riscos

Ainda que este desafio já tenha sido identificado no item imediatamente acima, é indispensável tratá-lo de forma autônoma. Para o sucesso do programa, é necessário considerar que o resultado não identificado equivale à ausência de resultado. A ausência de resultados por si só é condição suficiente para a desativação do programa.

A próxima seção abordará resultados positivos já alcançados com o gerenciamento de riscos no estado de Goiás, particularmente para demonstrar a utilidade do programa. Todavia, essa é uma tarefa contínua dos proprietários de riscos, sob a contínua orientação e estímulo dos consultores.

Uma vez identificados os resultados que vão sendo alcançados, o desafio seguinte é de registrá-lo e divulgá-lo, de forma que possa, inclusive, ser identificado como boa prática a ser adotada por outros proprietários de riscos.

Nesse sentido, a CGE tem incentivado a divulgação dos resultados positivos entre os órgãos do Poder Executivo estadual por meio de vídeos feitos pelos próprios proprietários de riscos, em que são explicados, em resumo, o risco, suas respectivas causas e consequências, as ações de controle implantadas e o resultado alcançado.[85] Os meios de divulgação dos vídeos, quer seja por meio dos grupos de WhatsApp, ou por outras mídias sociais, ainda não têm atingido todos aqueles que podem se beneficiar desses resultados, mas já têm promovido efeitos positivos com relação à disseminação da cultura, motivação e ampliação do pertencimento.

Alguns desses vídeos têm sido apresentados em eventos para os titulares dos órgãos e, em particular, para o governador do estado.

Para maior e melhor divulgação das boas práticas, a CGE realizará eventos, *workshops*, oficinas entre os proprietários de riscos, especialmente por nichos de negócios. Dessa forma, será possível que todos os proprietários de riscos tenham acesso às boas práticas implantadas, trazidas diretamente por quem as implantou, sendo possível, assim, esclarecer dúvidas e construir, com áreas afins, possibilidades ainda melhores de se usar a ferramenta para o alcance de bons resultados e da melhoria contínua de processos de trabalho.

Alguns órgãos já têm realizado eventos internos demonstrando os resultados alcançados.

Fomentar o programa com a ampla divulgação das boas práticas, revelando-as como fonte de inspiração a se alcançar, ou mesmo usando-as como *cases* de estudo, é alternativa a ser trabalhada para favorecer a materialização da política de gestão de riscos.

---

[85] *Links* para estes vídeos fazem parte do Anexo XI.

O Programa de *Compliance* Público do Estado de Goiás, quando analisado em seus quatro eixos, e quando executado em sua totalidade de alcance, visa sobretudo conclamar o servidor a ser ético em suas condutas e padrões, agir com transparência em seus atos, gerir seu trabalho prevenindo e mitigando riscos, afastando-se assim possível responsabilização. Os resultados já obtidos e catalogados com os padrões de gerenciamento adotados precisam e devem ser amplamente difundidos e valorizados em todos os seus níveis de conquistas.

CAPÍTULO 6

RESULTADOS ALCANÇADOS

Em quase três anos de implementação do programa, podem ser identificados inúmeros resultados positivos, vinculados particularmente à gestão de riscos, aqui apresentados como boas práticas que podem ser disseminadas no serviço público.

Vale ressaltar que esses resultados, na maior parte, são decorrentes de ações simples, para as quais não foi necessário consignar dotação orçamentária específica, e que, em muitos casos, trouxeram economia para os cofres públicos, além de outras melhorias nos processos de trabalhos.

São fruto não só da implantação de controles "sistematizados" para mitigar o risco, mas de percepções oriundas do processo de identificação de riscos, ainda que não diretamente relacionadas a eles. Isso ocorre, também, porque os proprietários de riscos, no momento em que começam a pensar nos riscos inerentes aos seus processos de trabalho, nos controles existentes e nos problemas enfrentados no dia a dia, conseguem vislumbrar soluções imediatas que podem ser implantadas para diminuir a probabilidade de materialização de um risco ou o seu impacto caso ele se materialize. Mais do que a sistematização da gestão de riscos, essa situação começa a evidenciar a preocupação natural com os riscos ao alcance dos objetivos dos diversos órgãos e das políticas públicas. É o início da internalização da cultura de implementação de controles preventivos.

Nesta seção, traremos resultados, subdivididos por órgão ou entidade, relacionados aos processos inicialmente mapeados em quase todas as pastas: licitação, contratos e folhas de pagamentos. Já os resultados relacionados aos processos finalísticos, devido à sua diversidade, serão apresentados em um único subitem.

A exposição destes casos de sucesso retoma, como exemplo concreto, parte das características da gestão de riscos, mencionadas na introdução deste livro. São elas: o envolvimento de diversos servidores nas suas atividades, a implementação de grande número de ações de controle pontuais, e, como resultado, a melhoria constante, concomitante (em diversos órgãos) e incremental (cumulativa) da gestão pública. Não existe mágica: trata-se de implementar aquilo que, na maior parte das vezes, o gestor tem consciência de que deve ser feito, mas não dispõe de ferramenta como a gestão de riscos, que tem as características ideais para o enfrentamento de situações dessa natureza.

6.1 Resultados no processo de aquisição

Alguns dos resultados positivos relevantes alcançados no processo de licitação são oriundos de ações implantadas pela Universidade Estadual de Goiás (UEG), Secretaria de Estado da Economia e Secretaria de Estado de Administração (SEAD).

- Universidade Estadual de Goiás:

A UEG, para diminuir a probabilidade de materialização do risco "estimativa de custos inadequada", "termo de referência ou projeto básico deficiente" e "licitação deserta/fracassada", implantou as seguintes ações de controle: capacitação dos solicitantes de despesas; elaboração de manual de compras; e revisão dos modelos de termo de referência.

Ao implantar cursos de capacitação periódicos, foi possível orientar os servidores com relação à realização de pesquisas de preços em consonância com a legislação e ao adequado preenchimento dos formulários de requisição de despesas, além de esclarecer qual formulário usar de acordo com o tipo de aquisição, conforme o termo de referência em questão. Tal ação permitiu que os processos de aquisição fossem encaminhados à Gerência de Compras com a devida instrução processual, o que trouxe a celeridade no trâmite processual, resultando em produtos e serviços adquiridos com valores mais próximos aos valores de mercado.

Diante dos resultados obtidos, a Gerência de Compras, por meio da Coordenação de Compras, Licitação e Contratos, intensificou a capacitação de suas equipes instituindo, inclusive, um plano anual de capacitação. Além disso, esses resultados sensibilizaram a Diretoria de Gestão Integrada, que passou a adotar esse modelo de plano anual para as demais gerências vinculadas, fomentando assim a boa prática para outras áreas.

Ainda na UEG, para diminuir a probabilidade de materialização do risco "contratação de empresa cujo sócio seja empregado ou servidor da UEG", foram implantadas as ações de atualização da declaração de não parentesco e permissão de acesso ao sistema RH Gerencial, para consulta de vínculo dos licitantes. Essas ações permitiram a ampliação das restrições de parentesco nas licitações e o fortalecimento dos controles para coibir contratação ilegal.

- Secretaria de Estado da Economia:

Na área de licitações, dois tratamentos de riscos trouxeram resultados positivos. O primeiro foi para o risco "contratação que não representa a melhor alocação de recursos orçamentários financeiros", que implantou as seguintes ações de controle: 1) plano anual de compras e contratações e 2) monitoramento do calendário de licitações. Ambas ações propiciaram melhor alocação dos recursos orçamentários e financeiros, bem como a programação de atividades das áreas demandantes e de compras.

O segundo tratamento foi definido para o risco "desconsiderar os riscos existentes na contração e gestão de contratos". Para esse risco foi implantada a ação de controle de "*checklist* de instrução inicial de processos de contratações", a qual incentivou a realização de matrizes de riscos nas várias etapas dos procedimentos licitatórios (planejamento, seleção de fornecedores e fiscalização de contratos).

- Secretaria de Estado de Administração (SEAD):

Na SEAD, os tratamentos implantados para dois riscos trouxeram resultados positivos ao processo licitatório. Para o primeiro deles, "erros nos procedimentos licitatórios", foi implementada a ação de controle "utilização de *checklist* nas rotinas dos procedimentos licitatórios". Essa ação trouxe maior agilidade e eficiência na prática dos atos associados às compras governamentais e economia em aquisições no valor total de R$693.114,35,[86] em 2020.

Para o segundo risco, "baixo índice de planejamento anual e centralização das compras no Estado", foi implementada a ação de

---

[86] Valor apurado da diferença entre os valores inicialmente orçados para as contratações e os valores efetivamente contratados.

atualização contínua de ferramenta de planejamento de demandas de aquisições. Uma das atividades a serem executadas é o planejamento anual da central de compras do estado, a qual gerou economia potencial de R$1.552.798,06,[87] no primeiro quadrimestre de 2020.

- Polícia Militar (PM):

Na PM, o gerenciamento do risco "contratação com sobrepreço" levou à contratação de um sistema de banco de preços para utilização de ferramenta de pesquisas, elaboração de especificações técnicas e comparação de preços praticados pela Administração Pública. Essa ação trouxe como resultado maior precisão na elaboração das estimativas de preços, em atendimento à legislação vigente, e, por consequência, contrações com preços mais justos, condizentes com o praticado no mercado, gerando, assim, economia aos cofres públicos.

A economia potencial gerada, em 2021, foi de R$109.293,68,[88] visto que os valores médios das cotações feitas por meio dos orçamentos foram de R$1.140.053,00, enquanto que, utilizando-se o banco de preços, os valores médios estimados totalizaram R$1.030.759,32.

6.1.1 Avaliação dos resultados

As situações acima descritas fazem parte do dia a dia dos gestores públicos. Os riscos identificados são comuns não somente aos três órgãos acima destacados, mas a todos os demais do estado de Goiás, e aos órgãos públicos de nosso país, em geral. Da mesma forma, as ações de tratamento dos riscos identificados não são novidade para o gestor público.

Qual seria, então, a utilidade da gestão de riscos, visto que tudo isso já é de amplo conhecimento do gestor público?

A gestão de riscos se apresenta, neste contexto, como ferramenta, ou mesmo como metodologia de enfrentamento de situações como essas narradas acima, mediante ações contínuas, de responsabilidade de diversos atores no processo, cuja efetividade vai sendo verificada a cada ciclo de avaliação dos níveis dos riscos mapeados e de sua materialização ou não ao longo daquele período.

[87] Trata-se de economia potencial, pois o montante efetivamente adjudicado não, necessariamente, pode ser o montante contratado no formato de registro de preços.

[88] O valor da contratação do banco de preços por 12 meses foi de R$7.458,00, demonstrando um custo-benefício satisfatório em relação à suposta economia gerada de R$109.293,68.

Portanto, se não há novidade quanto aos riscos identificados – que são comuns à Administração Pública – e quanto aos tratamentos – que são igualmente conhecidos –, o uso da gestão de riscos permite a solução duradoura para os problemas enfrentados.

6.2 Resultados no processo de contratos

No processo de gestão e fiscalização de contratos, é possível também identificar casos de sucesso na Secretaria de Estado da Economia, na Secretaria de Estado de Administração (SEAD), no Instituto de Assistência dos Servidores Públicos do Estado de Goiás (Ipasgo) e na Saneamento de Goiás S.A. (Saneago).

- Secretaria de Estado da Economia:

Um dos riscos identificados, "prestação de serviço em qualidade e/ou quantidade inferior à contratada", chamou a atenção de uma gestora de contratos de servidores terceirizados[89] que participava do processo. Como existia um acordo entre as partes de que somente as ausências superiores a 30 dias seriam substituídas, uma vez que não era interessante para a pasta a substituição do funcionário, devido às especificidades de cada cargo, as ausências como férias, atestados e demais faltas inferiores a 30 dias acabavam sendo pagas normalmente.

Essa servidora, vendo os pontos discutidos durante o processo de identificação dos riscos, fez uma consulta à Procuradoria Setorial da pasta sobre a possibilidade de serem efetuadas glosas em casos de ausências de servidores além daquelas expressamente previstas no contrato. Diante de parecer favorável, passaram a ser efetuadas glosas nos valores pagos à contratada a partir de dezembro de 2020 e, em onze meses, foram economizados R$1.350.000,00.

- Secretaria de Estado de Administração (SEAD):

Na SEAD, o risco "atraso na conclusão do contrato ou em uma das fases do trâmite do processo" levou à implantação de diversas ações de controle, como: capacitação de servidores; adoção do guia "orientações básicas das boas práticas de gestão de contratos"; e adoção do "sistema

[89] A servidora Kelly Caetano trabalha na Secretaria da Economia. Ela é uma das proprietárias de riscos inerentes à fiscalização e gestão de contratos e é gestora de quatro contratos que a Fundação Pró-Cerrado possui com a Economia.

de notificação ao gestor-fiscal de contratos" sobre prazos e critérios na renovação de contratos ou nova contratação. Essas ações de controle permitiram, em conjunto, economia aos cofres públicos, em 2020, no valor total de R$527.613,60, decorrente, principalmente, de negociações realizadas pelos gestores dos contratos.

- Instituto de Assistência dos Servidores Públicos do Estado de Goiás (Ipasgo):

No Ipasgo, foi identificado o risco "atraso no pagamento dos fornecedores" e várias ações de controles foram implantadas para dar celeridade à entrega das notas fiscais por parte dos prestadores de serviços, uma das causas do risco. Essas ações, somadas ao pagamento em observação à ordem cronológica adotada pelo estado de Goiás, levaram à redução de 100% no atraso de pagamentos.[90]

- Saneamento de Goiás S.A. (Saneago):

Na Saneago, foi identificado o risco "pagamento de serviços efetivamente não entregues/executados". Para reduzir a probabilidade de materialização desse risco, foi implementada uma solução tecnológica para acompanhamento da evolução físico-financeira das obras, bem como a elaboração de eventogramas.[91] Atualmente os materiais só são faturados após a efetiva aplicação na obra e, em caso de equipamentos de grande valia, o faturamento se dá de forma gradativa, por etapas (exemplo: aprovação do projeto, entrega na obra e instalação/testes), com exceção de alguns contratos antigos, os quais estão sendo analisados, para propiciar o ajuste adequado. Além disso, foi contratado um ciclo de capacitação, realizado de forma modular, denominado *Regime Licitatório e Contratual na Nova Lei das Estatais*, tendo como um dos módulos a gestão e fiscalização contratual de acordo com a Lei nº 13.303/2019.

6.3 Resultados no processo de folha de pagamento

No processo de folha de pagamento, houve vários riscos identificados e tratados tanto pelos proprietários de riscos quanto pelo

---

[90] A receita do Ipasgo é composta de contribuições feitas pelos servidores, que são deduzidas de seus salários e repassadas ao Ipasgo.

[91] Eventograma é um instrumento de planejamento da execução da obra.

órgão gestor da folha de pagamento no estado, os quais trouxeram resultados positivos ao processo como um todo. Relatam-se alguns resultados relevantes decorrentes na Secretaria de Estado da Economia, na Secretaria de Estado de Administração (SEAD) e na Secretaria de Estado da Educação (Seduc).

- Secretaria de Estado da Economia:

Os tratamentos implantados para dois riscos trouxeram resultados positivos ao processo de folha de pagamento. O primeiro risco foi "pagamento indevido ou não pagamento do auxílio-alimentação ou parcela indenizatória", para o qual foram implantadas ações de treinamento semestral para o manuseio correto do RHNet,[92] com o devido lançamento de dados e sinalizações de rubricas conforme evento identificado e atualização periódica do mapeamento realizado, bem como o acompanhamento do seu cumprimento pelos servidores.

Após o mapeamento do processo e primeiro treinamento para capacitação dos servidores da Gerência de Gestão e Desenvolvimento de Pessoas, visando melhorar os procedimentos de lançamentos das inclusões e alterações dos dados cadastrais, foram aperfeiçoados os procedimentos internos. Essa ação, somada às reuniões realizadas com servidores da Secretaria de Estado da Administração, levou à automatização da rubrica de pagamento do auxílio alimentação e da parcela indenizatória, utilizando somente a base de dados do Sistema RHNet, gerando-se, assim, a crítica automática quando identificada tentativa de pagamento incompatível.

Atualmente, o sistema também efetua todos os descontos em virtude de afastamentos, inclusive sobre faltas e atrasos, sem a necessidade de elaboração de planilhas auxiliares. Tal fato propiciou os seguintes resultados positivos: a) otimização do processo, pois antes se gastavam três dias para realizar os cálculos em planilhas Excel e lançamentos manuais no RHNet, o que passou a ser feito em apenas 2 horas; b) redução de erros de cálculos; c) economia de aproximadamente R$40.000,00 mensais, devido à redução dos equívocos de cálculos; e d) mais servidores disponíveis para atuar, principalmente, nas conferências de fechamento de folha.

O segundo risco identificado foi "pagamento indevido de pensões, benefícios e proventos (morte do beneficiário)". Para o tratamento

[92] Sistema de tecnologia da informação utilizado para a gestão de pessoas do estado.

desse risco foi constituído grupo de trabalho para reanalisar todas as pensões e aposentadorias de cartorários, a fim de se fazer o controle daquilo que era realmente devido e a retirada da folha de pagamento das percepções indevidas. Essa ação permitiu a retirada da folha de pagamento de pensões irregulares e a necessidade de se fazer anualmente a "prova de vida" dos beneficiários. O resultado desse trabalho foi uma economia aos cofres públicos anual de R$234.000,00.

- Secretaria de Estado de Administração (SEAD):

Na SEAD, um resultado positivo alcançado foi decorrente do tratamento implantado para reduzir a probabilidade de materialização do risco "duplicidade nos pagamentos extra folha". No tocante à ação de controle implantada, houve otimização dos procedimentos para o acerto salarial no momento do desligamento do servidor, ou seja, passaram a ser realizados no mês do evento ou no seguinte, a depender do sincronismo entre as ocorrências, evitando-se assim a necessidade de pagamentos fora da folha. Estes procedimentos foram regulamentados por meio do Decreto nº 9.802/2021. Ademais, houve a criação, no RHNet, de rubrica específica para esse fim, denominada "grupo de cargos acertos". Outra ação implementada foi a formalização de parceria entre a coordenação de requisições de pequeno valor – RPV, da Secretaria de Estado da Economia e a SEAD, que permitiu o pagamento de RPVs para os servidores ativos por meio da folha de pagamento a partir de setembro de 2019. Essas ações geraram economia potencial de R$12.287.640,81, caso esses pagamentos viessem a ser efetuados em duplicidade.

- Secretaria de Estado da Educação (Seduc):

Alguns dos resultados positivos alcançados no processo de folha de pagamento na Seduc são oriundos de ações implantadas para o tratamento dos riscos "duplicidade no pagamento de diferenças salariais" e "servidor receber o auxílio-alimentação indevidamente".

Para o primeiro risco, foi implantado o sistema de cálculos de diferença que permite a análise de todos os cálculos e diferenças já pagas e a pagar, por CPF do servidor. Foi implantada, ainda, uma ação de controle com o objetivo de estabelecer uma instrução de trabalho e fluxograma para diferenças salariais, a qual detectou processos autuados em duplicidade, solicitando os mesmos pagamentos, realizando-se uma triagem dos processos autuados. Essas ações implementadas trouxeram uma redução no tempo despendido para concluir os pagamentos de diferença salarial, bem como evitou o pagamento de R$212.619,25 em duplicidade de demandas.

Para o segundo risco, por meio do "sistema controle de acompanhamento de licenças e exclusão de contratos temporários", foi possível identificar os servidores que receberam o auxílio-alimentação indevidamente e fazer com maior efetividade as cobranças de devoluções. Entre os processos autuados pela comissão de averiguação de irregularidades, foram detectados e cobrados dos servidores os valores pagos indevidamente referentes ao auxílio, o que já permitiu a restituição ao erário, de janeiro a abril de 2020, de R$207.354,43 e, de maio a agosto de 2020, de R$178.094,50.

6.4 Resultados nas áreas finalísticas

Até meados de 2021, a maioria dos órgãos do Poder Executivo Estadual já havia iniciado ou concluído a implantação da gestão de riscos em pelo menos um processo finalístico da pasta. Como se verá nos exemplos a seguir, a gestão de riscos colabora decisivamente para assegurar o alcance dos objetivos estratégicos da entidade.

Nesta seção, relatam-se os principais resultados já alcançados pelas pastas, decorrentes do gerenciamento dos riscos dos processos finalísticos, com foco na divulgação dos benefícios entregues à sociedade.

- Agência Goiana de Regulação (AGR):

Duas iniciativas da AGR foram identificadas pela Controladoria-Geral da União (CGU) como referência para as agências de outros estados e, com isso, foram destaques no relatório consolidado das avaliações feitas em 2020, entre 21 agências reguladoras federais, estaduais e municipais:

a) o Sistema de Ouvidoria Informatizado; e
b) o Programa de *Compliance* Público (PCP).

A AGR foi destaque também na avaliação da CGU entre as agências reguladoras estaduais, no item relativo aos mecanismos voltados à promoção da integridade, com foco em prevenir, detectar e remediar possíveis casos de fraude e corrupção. Segundo a CGU, o PCP do Governo de Goiás é um mecanismo importante para coibir tais condutas.

• Companhia de Desenvolvimento Econômico de Goiás (Codego):

Na Codego, a gestão de riscos permitiu o aumento da transparência e fomento ao controle social com a divulgação da cartilha "Projeto fale com a Codego". Essa cartilha contém orientações didáticas à população sobre os temas: ouvidoria, auditoria, governança e *compliance*, bem como a disponibilização de diversos canais de comunicação com a empresa.

• Controladoria-Geral do Estado (CGE):

Na CGE, a gestão de riscos implantada na Gerência de Ouvidoria permitiu a implementação de ações que levaram à atualização tecnológica do Sistema de Ouvidoria. Outras ações, como a capacitação dos ouvidores setoriais e o monitoramento do cumprimento dos prazos de tratamento das manifestações e da qualidade das respostas aos usuários, ajudaram a ampliar em 96% o número de manifestações registradas no sistema (de 30.460, em 2019, para 59.585, em 2020), bem como a redução do prazo médio de resposta de 9,4 dias, em 2019, para 7,5 dias, em 2020.

Além disso, houve a integração desse sistema a outros órgãos, como o Ipasgo, a Saneago e a AGR, o que permitiu maior agilidade no tratamento das manifestações, a ampliação das funcionalidades específicas de cada pasta e a garantia do registro das informações em um único banco de dados.

• Departamento Estadual de Trânsito (Detran):

No Detran, o gerenciamento do risco "Subutilização do canal de teleatendimento" colaborou com a criação e implantação do projeto "Detran acessível", que consiste em estender o atendimento à pessoa surda por meio de videochamadas amparadas por um intérprete em libras. A estimativa era de que o serviço trouxesse benefícios a cerca de 50 mil usuários em Goiás.

• Agência Estadual de Turismo (Goiás Turismo):

Por meio da gestão e do monitoramento do risco "não captação de recurso externo (verbas federais)", essa agência conseguiu otimizar a organização para regularizar as prestações de contas de convênios anteriores, pois tinha dificuldade em priorizar quais deveriam ser resolvidos primeiro, considerando o acúmulo preexistente. Após a sistematização da gestão de riscos, foi possível priorizar e, assim, agilizar o processo.

- Instituto de Assistência dos Servidores Públicos do Estado de Goiás (Ipasgo):

No Ipasgo, para mitigar o risco "conflito de interesses", foi disponibilizado no DocNix (sistema interno da pasta) o formulário de "declaração de conflito de interesse", que deve ser preenchido e atualizado pelos auditores a cada quatro meses. Essas declarações serão utilizadas para alimentar o sistema de auditoria, o qual, por sua vez, criará travas para que os auditores não tenham permissões para analisar ou corrigir contas apresentadas por empresas credenciadas em que o auditor seja prestador de serviço.

- Secretaria de Estado de Desenvolvimento Social (SEDS):

Em 2020, na SEDS, a gestão de riscos permitiu a elaboração de um plano de ação de orientação e assessoramento para os 246 municípios em momento de pandemia, o que promoveu a consolidação da rede com as secretarias municipais, primeiras-damas e trabalhadores do Sistema Único de Assistência Social (SUAS), em momento de crise social.

Outra ação implantada em decorrência da gestão do risco ID 0369, "Ineficiência na gestão e fiscalização das transferências dos recursos para as entidades", foi a criação de metodologia para possibilitar a análise e fiscalização da prestação de contas de 365 entidades filantrópicas que utilizam recursos do estado para doação de pão e leite às comunidades carentes. Essa ação possibilitou o controle, em 2020, do valor investido de R$7.828.340,50.

- Secretaria de Estado de Meio Ambiente e Desenvolvimento Sustentável (Semad):

Na Semad, para mitigar o risco "Não aplicação dos recursos de compensação ambiental oriundos de execução indireta, depositados nas contas do Fema em Unidades de Conservação (UCs) e fauna", foi realizada uma reestruturação normativa, resultando na publicação da Lei estadual nº 20.694/2019, da Instrução Normativa nº 09/2019-Semad e do Decreto nº 9.710/2020. Tais medidas consolidaram o instituto da compensação ambiental como recursos de natureza privada e finalidade pública, garantindo que os recursos de compensação ambiental, oriundos de execução indireta, fossem utilizados em UCs e fauna.

Hoje, o estado de Goiás garante que os recursos da compensação ambiental sejam destinados exclusivamente para unidades de conservação, sem desvio de finalidade, como já ocorreu no passado. Além disso, a mudança na legislação permitiu um incremento substancial na receita. Em 2019 e 2020, destinaram-se R$63.000.000,00 para unidades de conservação, dos quais cerca de R$14.000.000,00 foram obtidos em Termos de Compromisso Compensação Ambiental (TCCA), contra menos de R$600.000,00 em 2018.

- Secretaria de Estado da Saúde (SES):

Na SES, a instituição da gestão de riscos na Superintendência de Vigilância e Saúde permitiu o alcance de inúmeros benefícios à população, principalmente no período de pandemia. Devido às ações de controle implementadas para mitigar os riscos relacionados à questão da imunização contra a Covid-19, o estado de Goiás é atualmente o único estado no Brasil que incluiu a gestão de riscos no Plano Operacional para Vacinação contra a Covid-19 – Imuniza Goiás. Tal fato tem auxiliado nas ações de armazenamento, distribuição e aplicação das vacinas nos cidadãos do estado, estabelecendo os devidos controles que o contexto requer.

Devido à internalização da cultura de gestão de riscos nessa área, e para melhor gerir as questões relacionadas à pandemia, a SES promoveu a divisão do estado em três níveis de risco, com base em indicadores que são atualizados semanalmente, visando à tomada de decisão do governador e dos prefeitos quanto às medidas restritivas a serem adotadas.

- Câmara de *Compliance*:

A Câmara de *Compliance* é uma instância de governança ligada ao Conselho de Governo, tendo como principal atribuição a de acompanhar os riscos estratégicos que possam afetar objetivos do governo como um todo, para determinar medidas de tratamento aos órgãos e às entidades e subsidiar o governador no processo decisório.

Criada em maio de 2020, a Câmara se viu desde o início obrigada a adotar medidas que pudessem mitigar os riscos relacionados aos impactos da pandemia que se iniciava naquela ocasião.

Após ouvir diversos atores, desde servidores operacionais, consultores em gestão de riscos e a alta gestão do governo, incluindo o próprio governador, foi instituída uma matriz com os principais riscos estratégicos decorrentes da pandemia. A partir deles, a Câmara iniciou uma série de reuniões com os diversos setores da Administração

Pública estadual, com o objetivo de identificar as ações de tratamento que pudessem mitigar a probabilidade de materialização dos riscos, os seus responsáveis e os respectivos prazos de implementação.

Assim, riscos como o colapso do sistema de saúde, contratações irregulares para combate à pandemia e paralisação do transporte coletivo foram mitigados com ações como a revisão periódica das regras de distanciamento social, antecipação da aquisição dos insumos, instituição de grupo de trabalho específico para formatar os processos aquisitivos para o combate à Covid-19, análise dos processos de compras por parte da CGE em tempo real, capacitação dos gestores e fiscais de contratos, adoção de medidas administrativas e judiciais para aporte de recursos às concessionárias de transporte coletivo, entre outras ações.

Como resultado, o sistema de saúde do estado conseguiu suprir toda a demanda de internações durante o período mais crítico da pandemia, as aquisições e contratações foram realizadas a preço de mercado, os bens e serviços foram entregues nas condições pactuadas e não houve paralisação do transporte coletivo metropolitano.

CAPÍTULO 7

CONCLUSÃO

Em algum momento dos últimos 50 ou 60 anos, a expressão "gestão de riscos" passou a denominar ações que antes não eram compreendidas como atividade metodologicamente definida, mas que faziam parte da vivência humana desde seus primórdios.

O desafio inicial era o enfrentamento de condições climáticas e ambientais adversas, como exemplo, providenciar ambientes com temperaturas amenas que não ameaçassem a vida, ou conseguir alimento em situações de escassez, tanto em perspectiva individual como coletiva.

O desenvolvimento social, naturalmente, exigiu a criação de medidas que garantissem a subsistência das atividades econômicas. Para assegurar atividades como o comércio marítimo, por exemplo, surge uma ferramenta clássica e mesmo icônica para a gestão de riscos: o seguro.

De forma que toda a experiência humana, sem ainda delimitar o escopo claro para essa tarefa diária, entende a necessidade de se enfrentarem as fragilidades de suas mais diversas atividades, como forma de preservá-las e permitir que alcancem as finalidades para as quais foram instituídas.

Não é de se admirar que, uma vez delimitada em seu escopo e metodologicamente equipada, a gestão de riscos viesse a se tornar essa ferramenta tão utilizada pelas organizações em geral, e pelo serviço público em particular. Ainda que em passos iniciais, a gestão de riscos vai ganhando espaço no âmbito público, principalmente em função dos resultados que produz.

Na experiência do estado de Goiás, que optou por adotá-la em larga escala para a qualificação dos processos administrativos – sem abrir mão de gerir riscos estratégicos –, a ferramenta vai se impondo mediante o surgimento da cultura de adoção de ações preventivas – a mitigação de riscos – que, obviamente, se impõe principalmente por causa dos ganhos que proporciona, em particular para os cidadãos beneficiários das políticas públicas.

Ao longo de três anos de implementação da gestão de riscos, um caminho excelente se sobressaiu, tornando-se mesmo a opção preferencial do Estado: seu aspecto colaborativo, participativo. São hoje centenas, mesmo milhares de servidores trabalhando concomitantemente na detecção e avaliação de riscos e na implementação das ações de controle. Trata-se de um movimento concomitante e contínuo, de qualificação da gestão, mediante a implementação de diversas ações de controle, produzindo o crescimento incremental de todo organismo público do estado.

Os poucos exemplos aqui relatados são uma pequena amostra daquilo que este vasto e complexo organismo público produziu como resultado do amplo movimento ao qual se engajaram servidores dos diversos órgãos do estado.

Nessa experiência, a gestão de riscos, conforme aqui instituída, revelou características interessantes:

1. Ela é uma ferramenta de gestão realista. Não procura tornar perfeitos os processos administrativos, que são, por sua própria natureza, imperfeitos, dada, em particular, a característica de instabilidade da gestão pública brasileira, particularmente quanto ao ambiente fiscal.
2. Ela é uma ferramenta de gestão colaborativa. Como já se disse, a atividade de gestão de riscos envolve desde o gestor máximo do estado, de cada órgão e entidade, até os gerentes e servidores sem cargos, tanto na detecção como na mitigação dos riscos.
3. Ela distribui responsabilidades. Esse fato decorre, naturalmente, do fato de ser uma ferramenta de gestão colaborativa. Dessa forma, cria o sentimento de pertencimento entre seus colaboradores, que se tornam responsáveis pela implementação das ações de mitigação de riscos. Os resultados alcançados são claramente atribuíveis aos proprietários de riscos e àqueles que com eles colaboram em suas atividades.
4. Ela produz resultados concomitantes e contínuos, de forma incremental, no âmbito da máquina pública estadual. Isso

decorre do envolvimento do grande número de servidores envolvidos no processo. A centralização de tais atividades impediria esse avanço incremental contínuo.

5. Ela tem baixo custo de implementação. Não são necessárias consultorias caras, sistemas informatizados sofisticados. Os custos da implementação da gestão de riscos no estado de Goiás resumem-se aos salários dos servidores envolvidos na atividade e ao aluguel de uma ferramenta de tecnologia da informação que custa R$7 mil ao ano.

Para finalizar, é interessante enfatizar que pouco, ou quase nada, se disse sobre combate à fraude e à corrupção.

Isso porque o PCP, com sua ênfase na gestão de riscos, evita o mau uso do recurso público como consequência natural de suas ações. Não se trata de um objetivo a ser alcançado, da finalidade para a qual o PCP foi instituído. Este objetivo está claramente definido, nos seguintes termos: "garantir o alcance dos resultados das políticas públicas e a satisfação dos cidadãos".

Por derradeiro, é de fundamental importância notar que só se alcança sucesso em empreendimento de tal magnitude se for possível forjar um ambiente de confiança, que só é possível se o órgão de controle interno compreende sua responsabilidade para com os gestores, trabalhando junto com eles no desenvolvimento qualificado de suas atividades diárias.

GLOSSÁRIO

Apetite pelo risco – quantidade e tipo de riscos que uma organização está preparada para buscar, manter ou assumir.

Atitude perante o risco – abordagem da organização para avaliar e eventualmente buscar, manter, assumir ou afastar-se do risco.

Auditoria Baseada em Riscos (ABR) – atividade utilizadora de metodologia que associa a auditoria interna ao arcabouço global de gestão de riscos de uma organização, possibilitando que a auditoria interna dê garantia à alta gestão dos órgãos e das entidades de que os riscos estão sendo gerenciados de maneira eficaz em relação ao apetite por riscos.

Aversão ao risco – atitude de afastar-se de riscos.

Consequência – resultado de um evento que afeta os objetivos.

Controle – medida que está modificando o risco.

Critérios de risco – termos de referência contra os quais o significado de um risco é avaliado.

EGOV – Escola de Governo do Estado de Goiás.

Estrutura de gestão de risco – conjunto de elementos que fornecem os fundamentos e disposições organizacionais para conceber, implementar, monitorar, rever e melhorar continuamente a gestão do risco em toda a organização.

Evento – ocorrência ou alteração em um conjunto específico de circunstâncias.

Fonte de risco – elemento que, individualmente ou combinado, tem o potencial intrínseco para dar origem ao risco.

Gestão de riscos – atividades coordenadas para dirigir e controlar uma organização no que diz respeito ao risco.

Impacto – efeito resultante da ocorrência do evento.

Nível de risco – magnitude de um risco expressa na combinação das consequências e de suas probabilidades.

Parte interessada – pessoa ou organização que pode afetar, ser afetada, ou perceber-se afetada por uma decisão ou atividade.

Perfil de risco – descrição de um conjunto qualquer de riscos.

Plano de gestão de riscos – esquema dentro de uma estrutura de gestão de riscos, especificando a abordagem, os componentes de gestão e os recursos a serem aplicados para gerenciar riscos.

Política de gestão de risco – declaração das intenções e diretrizes gerais de uma organização relacionadas à gestão de riscos.

Probabilidade – chance de algo acontecer.

Processo de avaliação de riscos – processo global de identificação de riscos, análise de riscos e avaliação de riscos.

Processo de gestão de riscos – aplicação sistemática de políticas, procedimentos e práticas de gestão para as atividades de comunicação, consulta, estabelecimento do contexto, e na identificação, análise, avaliação, tratamento, monitoramento e análise crítica dos riscos.

Proprietário do risco – pessoa ou entidade com a responsabilidade e a autoridade para gerenciar o risco.

Risco inerente – risco ao qual se expõe face à inexistência de controles que alterem o impacto ou a probabilidade do evento.

Risco residual – risco remanescente após o tratamento do risco.

Riscos – efeito da incerteza nos objetivos organizacionais.

Riscos-chave – riscos que podem afetar significativamente o alcance dos objetivos e o cumprimento da missão institucional, a imagem e a segurança da organização e de pessoas. Devido ao impacto potencial nos resultados da organização, os riscos-chave devem ser monitorados diretamente pelo comitê setorial.

Tolerância ao risco – a disposição da organização em suportar o risco após a implantação do tratamento.

REFERÊNCIAS

ABNT. *NBR ISO 31000*: Gestão de Riscos – Diretrizes. Rio de Janeiro: Associação Brasileira de Normas Técnicas, 2018.

ABNT. *NBR ISO/IEC 31010*: Gestão de Riscos – Técnicas para o processo de avaliação de riscos. Rio de Janeiro: Associação Brasileira de Normas Técnicas, 4 abr. 2012.

AMN. *ISO Guia 73*. Gestão de Riscos – Vocabulário. São Paulo: Asociación Mercosur de Normalización, 2013.

ANVISA. *Gestão de riscos corporativos*. Guia prático de GRC. Brasília: Agência Nacional de Vigilância Sanitária, 2018. Disponível em: https://www.gov.br/anvisa/pt-br/acessoainformacao/acoeseprogramas/gestao-de-riscos/arquivos/guia-pratico-de-grc-v2-0_final.pdf. Acesso em: 23 fev. 2022

CAMPOS, J. Os "5 Porquês" como ferramenta para solucionar problemas de qualidade. *LinkedIn*, 1º jul. 2017.

CGU. *Guia prático de gestão de riscos para a integridade*: orientações para a Administração Pública federal direta, autárquica e fundacional. Brasília: Ministério da Transparência e Controladoria-Geral da União, set. 2018. Disponível em: https://www.gov.br/cgu/pt-br/centrais-de-conteudo/publicacoes/integridade/arquivos/manual-gestao-de-riscos.pdf. Acesso em: 19 abr. 2020.

CGU. *Manual para implementação de programas de integridade*: orientações para o setor público. Brasília: Ministério da Transparência e Controladoria-Geral da União, jul. 2017. Disponível em: https://www.gov.br/cgu/pt-br/centrais-de-conteudo/publicacoes/integridade/arquivos/manual_profip.pdf. Acesso em: 19 abr. 2020.

DIAGRAMA de Ishikawa. *Wikipédia*. Disponível em: https://pt.wikipedia.org/w/index.php?title=Diagrama_de_Ishikawa&oldid=57834190. Acesso em: 4 abr. 2022.

GOIÁS. *Decreto nº 9.406 de 18 de fevereiro de 2019*. Institui o Programa de Compliance Público no Estado de Goiás e dá outras providências. Secretaria de Estado da Casa Civil. 2019a. Disponível em: https://www.controladoria.go.gov.br/files/compliance/Decreto%209.406-19_Criacao%20PCP.pdf. Acesso em: 19 abr. 2020.

GOIÁS. *Decreto nº 9.6660, de 06 de maio de 2020*. Dispõe sobre a Política de Governança Pública da administração direta, autárquica e fundacional do Poder Executivo do Estado de Goiás. Secretaria de Estado da Casa Civil. 6 maio 2020. Disponível em: https://www.controladoria.go.gov.br/files/compliance/Decreto-estadual-n-9.660-20-Politica-de-Governanca-Puublica.pdf. Acesso em: 13 jun. 2020.

GOIÁS. *Lei nº 20.491, de 25 de junho de 2019*. Estabelece a organização administrativa do Poder Executivo e dá outras providências. Secretaria de Estado da Casa Civil. 25 jun. 2019b. Disponível em: https://legisla.casacivil.go.gov.br/api/v2/pesquisa/legislacoes/100701/pdf. Acesso em: 14 abr. 2020.

IIA. Modelo das Três Linhas do IIA 2020. Uma atualização das três linhas de defesa. *The Institute of Internal Auditors*, 2020. Disponível em: https://iiabrasil.org.br/korbilload/upl/editorHTML/uploadDireto/20200758glob-th-editorHTML-00000013-20072020131817.pdf. Acesso em: 28 jul. 2020.

MIRANDA, R. *et al. Manual de gestão de integridade, riscos e controles internos*. Brasília: Ministério do Planejamento, Desenvolvimento e Gestão – MP, 14 ago. 2017. Disponível em: http://www.controladoria.go.gov.br/cge/wp-content/uploads/2019/09/Portaria_047.19.pdf. Acesso em: 7 mar. 2022.

TCU. *10 passos para a boa gestão de riscos*. Brasília: Tribunal de Contas da União, 2018a. Disponível em: https://portal.tcu.gov.br/data/files/3F/D5/65/C0/27A1F6107AD96FE6F18818A8/10_passos_boa_gestao_riscos.pdf. Acesso em: 19 abr. 2020.

TCU. *Gestão de riscos* – Avaliação da maturidade. Brasília: Tribunal de Contas da União, 2018b. Disponível em: https://portal.tcu.gov.br/data/files/0F/A3/1D/0E/64A1F6107AD96FE6F18818A8/Gestao_riscos_avaliacao_maturidade.pdf. Acesso em: 14 dez. 2021.

TCU. *Manual de gestão de riscos do TCU*: um passo para a eficiência. 2. ed. Brasília: Tribunal de Contas da União, 2020. Disponível em: https://portal.tcu.gov.br/data/files/46/B3/C6/F4/97D647109EB62737F18818A8/Manual_gestao_riscos_TCU_2_edicao.pdf. Acesso em: 14 fev. 2022.

TCU. *Referencial básico de gestão de riscos*. Brasília: Tribunal de Contas da União, abr. 2018c. Disponível em: https://portal.tcu.gov.br/data/files/21/96/61/6E/05A1F6107AD96FE6F18818A8/Referencial_basico_gestao_riscos.pdf. Acesso em: 19 abr. 2020.

WERLE, R. *Análise e avaliação de riscos da infraestrutura de tecnologia da informação no âmbito de ensino e de aprendizagem do Centro Universitário Univates*. Monografia (Bacharelado) – Centro Universitário Univates, Lageado, nov. 2014.

ANEXOS

TERMO DE COMPROMISSO

Termo de compromisso nº ___/20__ GEAC

Programa de *Compliance* Público – PCP

A Controladoria Geral do Estado – CGE, instituída pela Lei Estadual nº 20.491, de 25 de junho de 2019, neste ato representada pelo Secretário de Estado-Chefe da Controladoria Geral do Estado, Senhor ________________, a Procuradoria-Geral do Estado – PGE, organizada pela Lei Complementar nº 58, de 04 de julho de 2006, representada pela Procuradora-Geral do Estado, Senhora ________________ e a (nome do órgão/entidade), constituída nos termos da Lei nº _____, de (dia) de (mês) de (ano), neste ato representada pelo Secretário/Presidente, Senhor(a) (nome do representante), com fundamento no Decreto Estadual nº 9.406, de 18 de fevereiro de 2019, publicado no Diário Oficial do Estado, de 19 de fevereiro de 2019, resolvem celebrar o presente Termo de Compromisso, mediante as cláusulas e as condições seguintes:

Cláusula Primeira – Do Objeto

O presente Termo de Compromisso tem por objeto a implementação do Programa de *Compliance* Público – PCP no âmbito da Secretaria (nome do órgão/entidade), e expressa o comprometimento e o apoio dos dirigentes e demais membros da alta gestão da entidade em relação ao PCP.

Cláusula Segunda – Das Obrigações da XXX (órgão/entidade celebrante)

1. Adotar conjunto de procedimentos e estruturas destinado a assegurar a conformidade dos atos de gestão com padrões morais e legais.
2. Garantir o alcance dos resultados das políticas públicas e a satisfação dos cidadãos, *fomentando a* ética, *a transparência, a responsabilização e a gestão de riscos*, conforme os quatro eixos definidos no art. 3º do Decreto 9.406, de 18 de fevereiro de 2019.
3. Instituir Comitê Setorial de Compliance Público – PCP, colegiado de caráter consultivo e permanente, para questões relativas ao PCP, composto obrigatoriamente pelos dirigentes e demais membros da alta gestão da entidade, com competência para coordenar e executar o Programa sob a orientação consultiva da CGE.
4. Utilizar como referência as normas definidas no art. 8º do Decreto Estadual nº 9.406, de 18 de fevereiro de 2019, as versões atualizadas dessas normas, outros instrumentos de boas práticas técnicas e gerenciais, bem como a aplicação de normas em caráter complementar que vierem a ser indicadas pela Controladoria-Geral do Estado, conforme disposto no art. 8º, parágrafo único do mencionado decreto.

Cláusula Terceira – Das Obrigações da CGE

1. Orientar e apoiar a na implementação do PCP.
2. Fornecer capacitação, material de apoio e suporte teórico e metodológico.
3. Aprovar capacitações, materiais de apoio e metodologias complementares propostos.
4. Executar auditorias de monitoramento e auditorias baseadas em riscos.
5. Desenvolver, aprovar e supervisionar as ações destinadas ao cumprimento dos eixos de fomento à transparência, responsabilização e gestão de riscos.
6. Indicar versões atualizadas das normas de que tratam este artigo, outros instrumentos de boas práticas técnicas e gerenciais, bem como a aplicação de normas em caráter complementar.
7. Assegurar o sigilo dos dados e das informações obtidas na execução do objeto deste Termo de Compromisso.

Cláusula Quarta – Das Obrigações da PGE

1. Orientar e apoiar a implementação de padrões de ética e de conduta da alta gestão.
2. Apoiar a elaboração do plano de comunicação dos valores e princípios que devem orientar a atuação dos servidores, funcionários e prestadores de serviços.
3. Apoiar a elaboração de manuais, códigos e demais instrumentos visando assegurar uma conduta ética e moral dentro dos padrões de probidade.
4. Orientar e apoiar a elaboração de plano de capacitação relativo aos padrões éticos e de conduta a serem observados pela alta gestão, servidores e funcionários.

xxxx
Secretário de Estado-Chefe da Controladoria-Geral do Estado

xxxx
Procuradoria-Geral do Estado

xxx
Secretário/Presidente da (nome do órgão/entidade)

PORTARIAS DA POLÍTICA DE GESTÃO DE RISCOS E DO COMITÊ SETORIAL

a) Modelo da portaria da Política da Gestão de Riscos:

Portaria nº XX de XX de XX de 2022

Dispõe sobre a Política de Gestão de Riscos da (nome da pasta) e dá outras providências.

O(A) Secretário(a)/Presidente do(a) (nome da pasta), no uso de suas atribuições que lhes confere o inciso III, do art. 56 da Lei nº 20.491/19, e

Considerando o Programa de *Compliance* Público por meio da Implantação da Gestão de Riscos Corporativos, com base nas Boas Práticas de Governança Corporativa, o qual é gerido pela Controladoria-Geral do Estado de Goiás – CGE;

Considerando o modelo *Committee of Sponsoring Organizations of the Treadway Commission* – COSO 2013 e atualizações – *Internal Control – Integrated Framework* (ICIF);

Considerando o COSO ERM 2017 – Gerenciamento de Riscos Corporativos – Integrado com a Estratégia e Desempenho;

Considerando a Norma ABNT NBR ISO 31000:2018, que estabelece princípios e diretrizes para a implantação da Gestão de Riscos;

Considerando a Norma ABNT NBR IEC (ISO) 31010:2021, que fornece orientações sobre a seleção e aplicação de técnicas para o processo de avaliação de riscos em uma ampla gama de situações;

Considerando a Norma ABNT ISO 37.301/2021 – Sistema de Gestão de *Compliance*;

Considerando a iniciativa estratégica de implantação do Eixo IV do Programa de *Compliance* Público, que trata da Gestão de Riscos nos entes da Administração Direta e Indireta do Poder Executivo do Estado de Goiás, instituído pelo Decreto estadual nº 9.406/19; e

Considerando, ainda, os modelos de boas práticas gerenciais em Gestão de Riscos e Controle Interno a serem adotados no âmbito da Administração Pública do Estado de Goiás, estabelecidos no art. 8º do decreto acima citado, em busca de se evoluir em maturidade da prática,

RESOLVE:

Das Disposições Iniciais

Art. 1º Instituir a Política de Gestão de Riscos no âmbito do(a) (nome da pasta), que compreende:

I - o objetivo;

II - os princípios;

III - as diretrizes;

IV - as responsabilidades;

V - o processo de gestão de riscos.

Art. 2º A Política de Gestão de Riscos tem como premissa básica o alinhamento ao Planejamento Estratégico do (nome da pasta), bem como aos objetivos estratégicos do órgão/instituição, com vistas a garantir os valores fundamentais das organizações em consonância com as Cadeias de Valores devidamente definidas por cada instituição.

Do Objetivo

Art. 3º A Política de Gestão de Riscos tem por objetivo estabelecer os princípios, as diretrizes, as responsabilidades e o processo de gestão de riscos no(a) (nome da pasta), com vistas à análise de riscos no processo de tomada de decisão, em conformidade com as boas práticas de governança adotadas no setor público.

Parágrafo único. A Política definida nesta Portaria deverá ser observada por todas as áreas e níveis de atuação do(a) (nome da pasta), sendo aplicável a seus respectivos processos de trabalho, projetos, atividades e ações.

Art. 4º A Política de Gestão de Riscos promoverá:

I - a identificação de eventos em potencial que afetem a consecução dos objetivos institucionais;

II - o alinhamento do apetite ao risco com as estratégias adotadas;

III - o fortalecimento das decisões em resposta aos riscos;

IV - o aprimoramento dos controles internos administrativos;

V - a integração da gestão de riscos aos objetivos e processos organizacionais;

VI - a tomada de decisões baseada em riscos.

Dos Princípios de Gestão de Riscos

Art. 5º A gestão de riscos observará os seguintes princípios, na sua busca por criação e proteção de valor:

I - ser parte integrante de todas as atividades organizacionais;

II - ser estruturada e abrangente;

III - ser personalizada e proporcional aos contextos externo e interno da organização;

IV - ser inclusiva;

V - ser baseada nas melhores informações disponíveis;

VI - considerar fatores humanos e culturais;

VII - ser dinâmica, iterativa e capaz de reagir a mudanças;

VIII - garantir a manutenção dos valores da organização;

IX - favorecer a melhoria contínua na organização.

Das Diretrizes de Gestão de Riscos

Art. 6º Para fins desta Portaria considera-se:

I - apetite pelo risco – quantidade e tipo de riscos que uma organização está disposta a aceitar na busca para atingir seus objetivos estratégicos e operacionais;

II - atitude perante o risco – abordagem da organização para analisar e avaliar o risco e, com isso, decidir reduzir, evitar, compartilhar ou aceitá-lo;

III - auditoria Baseada em Riscos (ABR): atividade utilizadora de metodologia que associa a auditoria interna ao arcabouço global das práticas adotadas para a consecução da gestão de riscos em uma organização, possibilitando que ela dê razoável garantia à alta gestão dos órgãos e das entidades de que os riscos estão sendo gerenciados de maneira eficaz em relação ao apetite por riscos;

IV - aversão ao risco – atitude de afastar-se de riscos;

V - consequência – resultado de um evento que afeta os objetivos da unidade ou mesmo da organização, após materialização do risco;

VI - controle – medida que visa mitigar ou reduzir o nível do risco;

VII - critérios de risco – termos de referência para avaliar a significância do risco e para apoiar os processos de tomada de decisão;

VIII - estrutura de gestão de riscos – conjunto de elementos que fornecem os fundamentos e disposições organizacionais para, metodologicamente, conceber, implementar, monitorar, rever e melhorar continuamente a gestão do risco em toda a organização;

IX - evento – ocorrência ou alteração em um conjunto específico de circunstâncias;

X - fonte de risco – elemento que, individualmente ou combinado, tem o potencial intrínseco para materializar o risco;

XI - gestão de riscos – atividades coordenadas metodologicamente para dirigir e controlar uma organização, no que diz respeito ao risco;

XII - impacto – efeito resultante da ocorrência do evento, para a organização;

XIII - nível de risco – magnitude de um risco expressa na combinação da consequência (impacto) e de sua probabilidade de ocorrência;

XIV - parte interessada – pessoa ou organização que pode afetar, ser afetada, ou perceber-se afetada por uma decisão ou atividade;

XV - perfil de risco – descrição de um conjunto qualquer de riscos, sendo que o conjunto de riscos pode conter riscos que dizem respeito a toda a organização ou a parte da organização;

XVI - plano de gestão de riscos – plano dentro de uma estrutura de gestão de riscos, especificando a abordagem, os componentes de gestão (procedimentos, práticas, atribuição de responsabilidades, sequência e cronograma das atividades) e os recursos a serem aplicados para gerenciar riscos;

XVII - política de gestão de risco – declaração das intenções, princípios, diretrizes e responsabilidades de uma organização relacionadas ao processo de gestão de riscos;

XVIII - probabilidade – chance de algo acontecer;

XIX - processo de avaliação de riscos – processo global de identificação de riscos, análise de riscos e avaliação de riscos;

XX - processo de gestão de riscos – aplicação sistemática de políticas, procedimentos e práticas de gestão para as atividades de comunicação, consulta, estabelecimento do contexto e na identificação, análise, avaliação, tratamento, monitoramento e análise crítica dos riscos;

XXI - proprietário do risco – pessoa ou entidade com a responsabilidade e a autoridade para gerenciar o risco;

XXII - riscos – efeito da incerteza nos objetivos organizacionais;

XXIII - riscos-chave – são aqueles que podem afetar significativamente o alcance dos objetivos e o cumprimento da missão institucional, a imagem e a segurança da organização e de pessoas. Devido ao impacto potencial nos resultados da organização, os riscos-chave devem ser monitorados diretamente pelo Comitê Setorial;

XXIV - risco inerente – risco ao qual se expõe face à inexistência de controles que alterem o impacto ou a probabilidade do evento;

XXV - risco residual – risco remanescente após a implantação dos controles adicionais e/ou ajustes dos controles existentes para o tratamento do risco;

XXVI - tolerância ao risco – é a disposição da organização em suportar o risco após a implantação do tratamento.

Art. 7º A Política de Gestão de Riscos abrange as seguintes categorias de riscos (a pasta poderá definir quais categorias de riscos irá utilizar):

I - estratégicos – riscos que causam impactos sobre os objetivos estratégicos e a execução da estratégia planejada;

II - de conformidade – riscos que se referem ao não atendimento das normas legais vigentes;

III - financeiros – riscos que se relacionam à inadequada gestão de caixa ou aplicação de recursos;

IV - operacionais – riscos que prejudicam a execução ou o progresso dos processos internos;

V – ambientais – riscos que causam impacto no meio ambiente;

VI - de tecnologia da informação – riscos que se referem à indisponibilidade ou inoperância de equipamentos e sistemas informatizados;

VII - de recursos humanos – riscos decorrentes da incapacidade em gerir recursos humanos;

VIII - combate à corrupção – riscos relacionados à fraude e à corrupção em qualquer uma das categorias acima.

Art. 8º São elementos estruturantes da Gestão de Riscos do(a) (nome da pasta) a Política de Gestão de Riscos, o Comitê Setorial de

Compliance Público, a Secretaria Executiva de *Compliance*, o Processo de Gestão de Riscos e as Ações de Controle.

Das Responsabilidades pela Gestão de Riscos

Art. 9º São considerados proprietários dos riscos, em seus respectivos âmbitos e escopos de atuação, os responsáveis pelos processos de trabalho, projetos, atividades e ações desenvolvidos nos níveis estratégicos, táticos ou operacionais do(a) (nome da pasta).

Art. 10. Compete aos proprietários dos riscos, relativamente aos processos de trabalho e iniciativas sob sua responsabilidade:

I - identificar, analisar e avaliar os riscos dos processos, atividades e projetos sob sua responsabilidade;

II - identificar e implantar controles preventivos e corretivos;

III - registrar como são feitas as ações de controle existentes (aquelas que eram executadas antes de o risco ser identificado);

IV - elaborar um plano de ação para as ações de controle a implantar sob sua responsabilidade;

V - registrar e monitorar todos os eventos relacionados aos riscos sob sua responsabilidade, inclusive os indicadores de monitoramento;

VI - apresentar os relatórios gerenciais (mínimo quadrimestralmente) dos riscos, acima do apetite a risco da organização, ao Comitê Setorial;

VII - monitorar se os controles implantados para mitigar os riscos são suficientes e adequados para manter o(s) risco(s) dentro do apetite a risco da instituição;

VIII - realizar a análise crítica do gerenciamento dos riscos sob sua responsabilidade, reportando à Secretaria Executiva e/ou ao Comitê Setorial as alterações que precisam ser efetivadas, com vistas à melhoria contínua do processo e a redução do nível do risco, sempre que possível;

IX - estimular e favorecer a equipe a se capacitar em gestão de riscos para que ela seja envolvida em todas as etapas da gestão de riscos, inclusive nas decisões quanto ao tratamento dos riscos.

Art. 11. Compete à Secretaria Executiva de *Compliance* ou equivalente:

I - orientar e monitorar funções e responsabilidades pela gestão de riscos em todas as áreas da organização, especialmente no preenchimento dos Relatórios de Gerenciamento de Riscos no Sistema Smartsheet pelos proprietários dos riscos;

II - coordenar a revisão periódica do processo de gestão de riscos com vistas a sua melhoria contínua;

III - coordenar e monitorar a implantação da gestão de riscos em novas áreas e/ou projetos, até que esteja consolidada em toda a organização;

IV - monitorar as ações que estão em realização para evolução da maturidade em Gestão de Riscos;

V - atuar na interlocução entre o Comitê Setorial e os proprietários de riscos e/ou responsáveis pela implantação e execução de ações de controle;

VI - comunicar ao Comitê Setorial o andamento do gerenciamento de riscos em todas as áreas, por toda a organização;

VII - auxiliar no agendamento e pauta das reuniões do Comitê Setorial;

VIII - atuar na disseminação e na internalização da cultura de Gestão de Riscos, por meio de reuniões, palestras, oficinas, dentre outros eventos;

IX - promover a interlocução com a CGE, visando ao atendimento das recomendações emitidas relacionadas ao processo de gestão de riscos;

X - auxiliar o Comitê Setorial no monitoramento e no atendimento às recomendações emitidas pela Câmara de Compliance;

XI - estimular a capacitação continuada dos servidores em cursos afetos à gestão de riscos, especialmente naqueles ofertados pela Escola de Governo;

XII - coordenar o trâmite de documentos relevantes afetos da gestão de riscos, preferencialmente em unidade própria no Sistema Eletrônico de Informações (SEI);

XIII - acompanhar e monitorar a implementação das ações dos eixos I a III do Programa de *Compliance* Público, especialmente quanto ao cumprimento dos quesitos definidos no *ranking* do PCP.

Art. 12. Compete à Assessoria de Controle Interno (quando houver este cargo na pasta), no que se refere à gestão de riscos:

I - assessorar o Secretário/Presidente, sob a orientação da Controladoria-Geral do Estado, na implantação do Programa de *Compliance* Público do Estado de Goiás;

II - realizar a interlocução da pasta com Controladoria-Geral do Estado;

III - orientar a elaboração do plano de ação anual para a expansão da gestão de riscos em conjunto com a Secretaria Executiva de *Compliance*;

IV - orientar a elaboração do plano de ação para a evolução da maturidade em gestão de riscos da pasta;

V - facilitar, assessorar e treinar os membros Secretaria Executiva para o exercício regular das suas atribuições;

VI - apoiar as ações de capacitação e os eventos nas áreas relacionadas ao Programa de *Compliance* Público do Estado de Goiás;

VII - realizar a atividade de auditoria interna, demandada pela CGE, associada à estratégia e prioridades da pasta, com foco em objetivos, metas, riscos associados e em como esses riscos são gerenciados.

Art. 13. Compete ao Comitê Setorial de Compliance Público:

I - fomentar as práticas de Gestão de Riscos;

II - definir o escopo da gestão de riscos;

III - indicar os proprietários de riscos;

IV - designar os servidores que comporão a Secretaria Executiva;

V - acompanhar de forma sistemática e periódica a gestão de riscos do escopo delineado, com o objetivo de garantir a sua eficácia e o cumprimento de seus objetivos;

VI - realizar a análise crítica e promover melhorias no processo de gestão de riscos;

VII - aprovar o plano de ação anual para a expansão da gestão de riscos;

VIII - definir, monitorar, comunicar e revisar o apetite e a tolerância a riscos da pasta;

IX - aprovar os riscos que deverão ser tolerados acima do apetite a risco da instituição;

X - monitorar o cumprimento da Política de Gestão de Riscos;

XI - revisar a política de gestão de riscos;

XII - monitorar os indicadores-chave dos riscos estratégicos;

XIII - estimular a cultura de Gestão de Riscos;

XIV - acompanhar o cumprimento de suas decisões;

XV - definir, acompanhar e revisar o nível de maturidade em gestão de riscos almejado da instituição;

XVI - acompanhar a implementação das ações dos eixos I a III do Programa de Compliance Público;

XVII - assegurar que a gestão de riscos esteja integrada aos processos de gestão, desde o planejamento estratégico até os projetos e processos de todas as áreas, funções e atividades relevantes para o alcance dos objetivos estratégicos da organização;

XVIII - revisar periodicamente os riscos identificados da instituição acima do apetite a riscos, visando fornecer direção clara sobre o gerenciamento de riscos;

XIX - estabelecer parcerias com outras instituições para reduzir os riscos compartilhados.

Do Processo de Gestão de Riscos

Art. 14. Serão adotadas como referências técnicas para a gestão de riscos as normas ABNT NBR ISO 31000:2018 e ABNT NBR ISO 31010:2021, agregadas ao COSO 2013 – Controles Internos – Estrutura Integrada e COSO ERM 2017 – Gerenciamento de Riscos Corporativos – Integrado com a Estratégia e Desempenho compreendido pelas seguintes fases:

I - comunicação e consulta – processos contínuos e interativos que uma organização conduz para fornecer, compartilhar ou obter informações e se envolver no diálogo com as partes interessadas e outros, com relação a gerenciar riscos;

II - estabelecimento do escopo – definição do direcionamento das atividades de gestão de riscos, níveis considerados e alinhamento aos objetivos;

III - estabelecimento do contexto – definição dos parâmetros externos e internos a serem levados em consideração ao gerenciar riscos e ao estabelecimento do escopo e dos critérios de risco para a política de gestão de riscos;

IV - estabelecimento de critérios de risco – especificação da quantidade e tipo de risco que a organização pode ou não assumir em relação aos objetivos, bem como estabelecimento de critérios para avaliar a significância do risco e apoiar no processo decisório;

V - identificação dos riscos – busca, reconhecimento e descrição dos riscos, mediante a identificação das fontes de risco, eventos, suas causas e suas consequências potenciais;

VI - análise dos riscos – compreensão da natureza do risco e à determinação do seu respectivo nível mediante a combinação da probabilidade de sua ocorrência e dos impactos possíveis;

VII - avaliação dos riscos – processo de comparação dos resultados da análise de risco com os critérios do risco para determinar se o risco e/ou sua respectiva magnitude é aceitável ou tolerável, auxiliando na decisão sobre o tratamento dos riscos;

VIII - tratamento dos riscos – processo para modificar o risco, envolvendo a seleção da(s) opção(ões) mais apropriada(s) de tratamento, incluindo o balanceamento de benefícios potenciais derivados em relação ao alcance dos objetivos, face aos custos, esforço ou desvantagens da implementação, podendo ocorrer entre as seguintes estratégias de respostas aos riscos, podendo envolver as ações de evitar, aceitar, reduzir e compartilhar;

IX - estabelecimento de controles – implantação de ações de controle que visam reduzir a probabilidade de materialização do risco e/ou seus efeitos, diminuindo a exposição das atividades aos riscos;

X - monitoramento e análise crítica – verificação, supervisão, observação crítica ou identificação da situação, executadas de forma contínua, a fim de identificar mudanças no nível de desempenho requerido ou esperado, sendo que mudanças significativas nos riscos gerenciados deverão ser reportadas, a qualquer tempo, ao Comitê Setorial;

XI - registro e relato – processo de documentação, por meio de mecanismos apropriados, da gestão de riscos e de seus resultados, sendo parte integrante da governança da organização, melhorando a qualidade do diálogo com as partes interessadas e apoiando a Alta Direção e os órgãos de supervisão a cumprirem suas responsabilidades.

§1º Eventuais conflitos de atuação decorrentes do processo de gestão de riscos serão dirimidos pelo Comitê Setorial de Compliance Público.

§2º A gestão de riscos deverá fazer parte de todos os processos organizacionais, incluindo o planejamento estratégico, os projetos, as políticas de gestão em todos os níveis da organização e as parcerias com outras organizações.

Art. 15. A elaboração de um plano de ação para a expansão da gestão de riscos deverá ser feita no início de cada exercício, com vistas a definir/atualizar o escopo das áreas ou processos a serem mapeados no exercício até a completa implantação da gestão de riscos em toda a pasta. Esse Plano deverá compreender as fases previstas no art. 14 desta Portaria.

Art. 16. O processo de gestão de riscos deve ser objeto de revisão periódica, sempre que necessário, com prazo não superior a 1 (um) ano, abrangendo as áreas ou processos em que a gestão de riscos já foi implantada do(a) (nome da pasta).

Parágrafo único. O limite temporal a ser considerado para o ciclo de gestão de riscos de cada processo de trabalho será decidido pelo respectivo proprietário do risco e reportado ao Comitê Setorial, levando em consideração o limite máximo estipulado no *caput*.

Das Disposições Gerais

Art. 17. A(O) (nome da pasta) manterá registro formal de todos os atos administrativos provenientes do Programa de *Compliance* Público (PCP) a fim de fornecimento de dados para revisão periódica interna e para a consultoria e auditoria baseada em riscos da Controladoria-Geral do Estado.

Art. 18. A(O) (nome da pasta) estabelecerá plano de comunicação entre as partes interessadas internas e externas.

Art. 19. Os proprietários dos riscos a que se refere o art. 10 desta Portaria deverão implantar a presente política de gestão de riscos a partir da data de publicação desta Portaria.

Art. 20. Durante a realização da primeira Auditoria Baseada em Riscos – ABR, o Comitê Setorial de *Compliance* Público do(a) (nome da pasta) deverá definir os seus níveis toleráveis de riscos.

Art. 21. Os casos omissos ou excepcionais serão resolvidos pelo Comitê Setorial de *Compliance* Público de acordo com as orientações a serem emanadas da CGE.

Art. 22. Esta Portaria entra em vigor na data de sua publicação.

Nome do Secretário/Presidente
Secretário/Presidente do(a) (nome da pasta)

b) Modelo da portaria do Comitê Setorial

Portaria nº XX, de XX de 2022

Institui (ou reformula) o Comitê Setorial do Programa de *Compliance* Público da Secretaria de Estado XXXX e dá outras providências.

O Secretário de Estado XXXX, no uso das atribuições que lhe confere o inciso III do art. 56º da Lei nº 20.491/19, e

Considerando o Programa de *Compliance* Público, com base nas Boas Práticas de Governança Corporativa, que é gerido pela Controladoria-Geral do Estado de Goiás;

Considerando a Norma ABNT NBR ISO 31000:2018, que estabelece princípios, estrutura e processo para a implantação da Gestão de Riscos;

Considerando a Norma ABNT NBR IEC (ISO) 31010:2021, que fornece orientações sobre a seleção e aplicação de técnicas para o processo de avaliação de riscos em uma ampla gama de situações;

Considerando o modelo *Committee of Sponsoring Organizations of the Treadway Commission* – COSO 2013 e atualizações – *Internal Control – Integrated Framework* (ICIF);

Considerando a iniciativa estratégica de implantação do programa para os entes da Administração direta e indireta, instituído pelo Decreto Estadual nº 9.406/19, que institui o Programa de *Compliance* Público no Poder Executivo do Estado;

Considerando os modelos de boas práticas gerenciais voltados à implementação do Programa de *Compliance* Público, estabelecidos no art. 8º do Decreto acima citado;

Considerando a Portaria nº 041/19-CGE e alterações, que institui o Grupo de Trabalho para realizar as atividades de consultoria, orientação e apoio necessárias à implantação do Eixo IV Programa de Compliance Público (PCP);

RESOLVE:

Art. 1º Fica instituído o Comitê Setorial do Programa de *Compliance* Público que atuará no âmbito da Secretaria de Estado XXXXX com a seguinte composição:

(Elencar componentes, Estrutura Básica ou Alta Administração)

I - Secretário de Estado XXX;

II - Superintendente XXX;

III - Chefe da Procuradoria Setorial;

IV - ...

§1º O Comitê Setorial do Programa de Compliance Público, doravante denominado "Comitê Setorial", será presidido pelo Secretário de Estado XXXX, e, na sua ausência, por XXXXX.

§2º Caberá à XXXX secretariar as reuniões, registrando em ata as respectivas pautas e deliberações.

§3º Em reunião do Comitê Setorial, deverá ser instituída a Secretaria Executiva do Comitê Setorial de *Compliance* ou equivalente, composta por um ou mais servidores, que auxiliará o Comitê Setorial no cumprimento das atribuições contidas nos arts. 3º e 4º desta Portaria.

§4º O Comitê Setorial poderá convocar representantes de outras áreas da Secretaria de Estado XXXX para participar das reuniões.

§5º O Assessor/Consultor de Controle Interno, instituído por meio do parágrafo único do art. 17 da Lei Estadual nº 20.491/19, fará a integração institucional entre a Secretaria de Estado XXXX e a Controladoria-Geral do Estado de Goiás, bem como a consultoria para implantação do Programa. O Assessor/Consultor poderá participar das reuniões do Comitê Setorial de *Compliance* em caráter consultivo, o que não lhe confere poder de voto.

§6º O Comitê Setorial poderá reunir-se em quórum de 50% de seus integrantes, com participação obrigatória do presidente ou seu substituto.

§7º As decisões do Comitê Setorial serão tomadas por maioria simples. Em caso de empate, o voto do presidente será qualificado.

§8º A função de membro do Comitê Setorial de Compliance é indelegável e não remunerada.

§9º O Comitê Setorial reunir-se-á xxx (definir a periodicidade: mensalmente ou bimestralmente ou quadrimestralmente) em caráter ordinário, e, extraordinariamente, sempre que necessário, podendo a reunião extraordinária ser solicitada por quaisquer de seus membros e/ou pelo Assessor/Consultor de Controle Interno.

§10 Poderá o Comitê Setorial realizar deliberações extraordinárias por meio de aplicativos ou outras formas de comunicação virtual, em situações previamente definidas em reunião presencial e registradas em ata.

Art. 2º Comitê Setorial é um órgão colegiado de caráter deliberativo e permanente para questões relativas ao Programa de *Compliance* Público e reger-se-á por esta Portaria.

Art. 3º O Comitê Setorial zelará pela implementação dos eixos do Programa de Compliance Público, quais sejam:

I - estruturação das regras e dos instrumentos referentes ao padrões de ética e de conduta;

II - fomento à transparência;

III - responsabilização;

IV - gestão de riscos.

Art. 4º Compete ao Comitê Setorial:

I - fomentar as práticas de Gestão de Riscos;

II - definir o escopo da gestão de riscos;

III - indicar os proprietários de riscos;

IV - designar os servidores que comporão a Secretaria Executiva;

V - acompanhar de forma sistemática e periódica a gestão de riscos do escopo delineado, com o objetivo de garantir a sua eficácia e o cumprimento de seus objetivos;

VI - realizar a análise crítica e promover melhorias no processo de gestão de riscos;

VII - aprovar o plano de ação anual para a expansão da gestão de riscos;

VIII - definir, monitorar, comunicar e revisar o apetite e a tolerância a riscos da pasta;

IX - aprovar os riscos que deverão ser tolerados acima do apetite a risco da instituição;

X - monitorar o cumprimento da Política de Gestão de Riscos;

XI - revisar a política de gestão de riscos;

XII - monitorar os indicadores-chave dos riscos estratégicos;

XIII - estimular a cultura de Gestão de Riscos;

XIV - acompanhar o cumprimento de suas decisões;

XV - definir, acompanhar e revisar o nível de maturidade em gestão de riscos almejado da instituição;

XVI - acompanhar a implementação das ações dos eixos I a III do Programa de *Compliance* Público;

XVII - assegurar que a gestão de riscos esteja integrada aos processos de gestão, desde o planejamento estratégico até os projetos e processos de todas as áreas, funções e atividades relevantes para o alcance dos objetivos estratégicos da organização;

XVIII - revisar periodicamente os riscos identificados da instituição acima do apetite a riscos, visando fornecer direção clara sobre o gerenciamento de riscos;

XIX - estabelecer parcerias com outras instituições para reduzir os riscos compartilhados.

Art. 5º Compete ao Presidente do Comitê Setorial:

I - convocar e presidir as reuniões do Comitê Setorial;

II - avaliar e definir os assuntos a serem discutidos nas reuniões;

III - cumprir e fazer cumprir esta Portaria;

IV - autorizar a apreciação de matérias não incluídas na pauta de reunião.

Art. 6º Para a implementação do Programa de *Compliance* Público no âmbito da Secretaria de Estado XXXX foi firmado um Termo de Compromisso entre esta pasta, a Procuradoria-Geral do Estado e a Controladoria-Geral do Estado, em XX/XX/XXXX, o qual estabeleceu as obrigações a cargo de cada pasta.

Art. 7º Esta Portaria entra em vigor na data de sua publicação.

XXXX
Secretário de Estado XXXX

AVALIAÇÃO DE MATURIDADE

(continua)

Dimensão/Questões	Exemplos de evidências/ Fontes de informação	Implement. (órgão)	Implement. (auditoria)
NÍVEL DE MATURIDADE (DE 1 A 5) ►	IMD ▼ (Sem Peso / Da Auditoria)	Nível 3	Nível 1
1. Ambiente (peso 0,3)	0%	0,00%	0,00%
2. Processo (peso 0,3)	0%	0,00%	0,00%
3. Parcerias (peso 0,1)	0%	0,00%	0,00%
4. Resultados (peso 0,3)	0%	0,00%	0,00%
	TOTAL:	0,00%	0,00%
1 AMBIENTE			
1.1 Liderança: em que medida os responsáveis pela governança e a alta administração exercem suas responsabilidades de governança de riscos e cultura?			
1.1.1 Cultura: a alta administração e os responsáveis pela governança reconhecem a importância da cultura, da integridade, dos valores éticos e da consciência de riscos como aspectos-chave para o reforço da *accountability*?			
a) Fornecendo normas, orientações e supervisionando a inclusão desses aspectos-chave nos programas de apoio ao desenvolvimento de gestores;			

(continua)

Dimensão/Questões	**Exemplos de evidências/ Fontes de informação**	**Implement.** (órgão)	**Implement. (auditoria)**
	a.1) Propagação, no exercício, de normas específicas da pasta e/ou orientações diversas de disseminação de cultura, integridade, valores éticos e consciência de riscos (exemplos: divulgação de política de gestão de riscos, política de segurança da informação etc.); e Obs.: serão considerados todos os canais de divulgação (SEI, *e-mail*, site, entre outros)		
	a.2) Atingimento das metas de capacitação e certificação definidas na portaria do *ranking* voltadas aos quatro eixos do PCP, incluindo a capacitação dos membros do Comitê Setorial no curso de gestão de riscos da alta gestão.		
b) Reforçando o comprometimento das lideranças com a cultura de gestão baseada em riscos e com os valores fundamentais da organização; e	b.1) Avaliação dos proprietários de riscos no exercício pelo Comitê Setorial, podendo ser autoavaliação validada por este (exemplo: questionário de autoavaliação).		
c) Instituindo políticas, programas e medidas, definindo padrões de comportamento desejáveis, como códigos de ética e de conduta, canais de comunicação para cima e de denúncia, ouvidoria, e avaliação da aderência à integridade e aos valores éticos.			
	c.1) Código de ética geral (Decreto nº 9.837/21); e		
	c.2) Código de ética específico; e		

(continua)

Dimensão/Questões	Exemplos de evidências/ Fontes de informação	Implement. (órgão)	Implement. (auditoria)
	c.3) Canal de denúncias e/ou ouvidoria (exemplo: estrutura organizacional da unidade ou portaria designando o ouvidor setorial).		
1.1.2 Governança de riscos: os responsáveis pela governança e a alta administração utilizam instâncias internas (p. ex.: comitês de governança, riscos e controles, auditoria, coordenação de gestão de riscos etc.) e outras medidas para apoiar suas responsabilidades de governança de riscos e assegurar que a gestão de riscos seja integrada aos processos de gestão, desde o planejamento estratégico até os projetos e processos de todas as áreas, funções e atividades relevantes para o alcance dos objetivos-chave da organização.			
	a.1) Evidências de instituição de comitês setoriais ou governança; ou áreas de riscos e controles; ou auditoria interna;		
	a.2) Evidências de funcionamento dos comitês setoriais (atas de reuniões) e da secretaria executiva ou equivalente (atas de reuniões, registro de orientação); e		
	a.3) Evidências de vinculação da Gestão de Risco ao planejamento estratégico para o alcance dos objetivos-chave (todos os objetivos estratégicos com riscos vinculados na matriz de riscos).		

(continua)

Dimensão/Questões	Exemplos de evidências/ Fontes de informação	Implement. (órgão)	Implement. (auditoria)
1.1.3 Supervisão da governança e da alta administração: os responsáveis pela governança e a alta administração supervisionam a estratégia e exercem suas responsabilidades de governança de riscos, inclusive mediante:			
a) Incorporação explícita e monitoramento regular de indicadores-chave de risco e indicadores-chave de desempenho nos seus processos de governança e gestão;			
	a.1) Planejamento estratégico contendo as métricas de metas e indicadores de mensuração dos objetivos estratégicos; e		
	a.2) Monitoramento de 100% dos riscos-chave por meio de indicadores (exemplo: matriz de riscos com indicadores definidos e preenchidos nos relatórios quadrimestrais).		
b) Notificação regular e oportuna sobre as exposições da organização a riscos, sobre os riscos mais significativos e sobre como a administração está respondendo a esses riscos; e	b.1) Interações periódicas dos superintendentes/ diretores com os proprietários subordinados, para acompanhamento/ monitoramento dos objetivos e riscos-chave (exemplos: ata, *e-mail*, WhatsApp, entre outros).		
c) Revisão sistemática da visão de portfólio de riscos em contraste com o apetite a riscos e fornecimento de direção clara para gerenciamento dos riscos;	c.1) Evidências de atuação dos comitês setoriais/secretarias executivas ou equivalentes no acompanhamento dos riscos acima do apetite, recomendando o que deve ser feito (exemplos: ata, *e-mail*, WhatsApp, SEI, entre outros).		

(continua)

Dimensão/Questões	**Exemplos de evidências/ Fontes de informação**	**Implement.** (órgão)	**Implement. (auditoria)**
d) Utilização dos serviços da auditoria interna e de outras instâncias de asseguração para se certificarem de que a administração tem processos eficazes de gerenciamento de riscos e controle;			
	d.1) Atendimento das recomendações da última ABR anual realizada; e		
	d.2) Atendimento das determinações da Câmara de *Compliance*.		
e) Definição do nível de maturidade almejado para a gestão de riscos e monitoramento do progresso das ações para atingir ou manter-se no nível definido.	e.1) Definição do nível de maturidade almejado pelo órgão, de 1 a 5, podendo ser evidenciado em atas de reunião do comitê setorial, planos de ação do *ranking*, entre outros. Obs.: o órgão/entidade deverá se valer do roteiro de auditoria de gestão de riscos do TCU: Nível 1 – de 0% até 20%; Nível 2 – maior que 20% até 40%; Nível 3 – maior que 40% até 60%; Nível 4 – maior que 60 até 80%; Nível 5 – maior que 80% até 100%.		
1.2 Políticas e estratégias: em que medida a organização dispõe de políticas e estratégias de gestão de riscos definidas, comunicadas e postas em prática?			

(continua)

Dimensão/Questões	Exemplos de evidências/ Fontes de informação	Implement. (órgão)	Implement. (auditoria)
1.2.1 Direcionamento estratégico: a alta administração, com a supervisão dos responsáveis pela governança, estabelece de modo explícito o direcionamento estratégico (objetivos-chave, missão, visão e valores fundamentais da organização), alinhado com as finalidades e as competências legais da entidade, traduzindo uma expressão inicial do risco aceitável (apetite a risco) para a definição da estratégia e a fixação de objetivos estratégicos e de negócios, e para o gerenciamento dos riscos relacionados.			
	a.1) Planejamento estratégico com missão, visão e valores, contendo as métricas de metas e indicadores de mensuração dos objetivos estratégicos; e		
	a.2) Indicação do apetite a risco em um documento formal (exemplo: documento do escopo ou ata de reunião do Comitê Setorial).		
1.2.2 Direcionamento estratégico: a alta administração, com a supervisão e a concordância dos responsáveis pela governança, define, comunica, monitora e revisa o apetite a risco na forma de uma expressão ampla, porém, suficientemente clara, de quanto risco a organização está disposta a enfrentar na implementação da estratégia para cumprir sua missão institucional e agregar valor para as partes interessadas,			

(continua)

Dimensão/Questões	Exemplos de evidências/ Fontes de informação	Implement. (órgão)	Implement. (auditoria)
a fim de orientar a definição de objetivos por toda a organização; a seleção de estratégias para realizá-los; a alocação de recursos entre as unidades e iniciativas estratégicas; e a identificação e o gerenciamento dos riscos, alinhados com o apetite a risco.			
a) A alta administração, com a supervisão e a concordância do órgão de governança, define, comunica, monitora e revisa o apetite a risco na forma de uma expressão ampla, porém suficientemente clara, de quanto risco a organização está disposta a enfrentar na implementação da estratégia para cumprir sua missão institucional e agregar valor para as partes interessadas; e			
	a.1) Indicação do apetite a risco em um documento formal (exemplo: documento do escopo ou ata de reunião do Comitê Setorial); e		
	a.2) Definição dos critérios de análise para definição da resposta ao risco – avaliação em relação ao apetite e à tolerância (exemplo: documento escopo, contexto e critérios).		
b) A expressão do apetite a risco fornece uma base consistente para orientar a definição de objetivos por toda a organização; a seleção de estratégias para realizá-los; a alocação de recursos entre as unidades e iniciativas estratégicas; e a identificação e o gerenciamento dos riscos, alinhados com o apetite a risco.	b.1) Quando determinado risco for tolerado (acima do apetite), registrar a respectiva justificativa de deliberação de tolerância pelo comitê setorial (exemplo: ata de reunião). No caso da inexistência de riscos tolerados, deverá, também, haver o registro formal de tal informação (exemplos: ata, justificativa).		

(continua)

Dimensão/Questões	Exemplos de evidências/ Fontes de informação	Implement. (órgão)	Implement. (auditoria)
1.2.3 Integração da gestão de riscos ao processo de planejamento: a organização dispõe de um processo de planejamento estratégico implementado para, a partir do direcionamento estratégico e do apetite a risco definidos conforme abordado nos seguintes subitens:			
a) Os objetivos estratégicos de alto nível alinhados e dando suporte à missão, à visão e aos propósitos da organização, e selecionadas as estratégias para atingi-los, considerando as várias alternativas de cenários e os riscos associados, de modo a estabelecer uma base consistente para a definição dos objetivos de negócios específicos em todos os níveis da organização; e			
	a.1) Planejamento estratégico; e		
	a.2) Todos os objetivos estratégicos possuem riscos identificados, com os respectivos indicadores para monitoramento dos riscos (olhar na matriz de riscos).		
b) Os objetivos de negócios específicos associados a todas as atividades, em todos os níveis, nas categorias operacional, de divulgação (transparência e prestação de contas) e de conformidade e as respectivas tolerâncias a risco (ou variações aceitáveis no desempenho), alinhados aos objetivos estratégicos e ao apetite a risco estabelecidos.	b.1) Documentos que evidenciem o desdobramento de todos os objetivos estratégicos em objetivos táticos e operacionais de todas as unidades administrativas – básicas e complementares (exemplo: planejamento tático ou operacional das áreas).		

(continua)

Dimensão/Questões	Exemplos de evidências/ Fontes de informação	Implement. (órgão)	Implement. (auditoria)
1.2.4 Integração da gestão de riscos ao processo de planejamento: a administração define os objetivos mencionados na alínea "b", do item 1.2.3, e as respectivas medidas de desempenho (metas, indicadores-chave de desempenho, indicadores-chave de risco e variações aceitáveis no desempenho), explicitando-os com clareza suficiente, em termos específicos e mensuráveis, comunicando-os a todas as áreas, funções e atividades relevantes para a realização dos objetivos-chave da organização e aos responsáveis em todos os níveis, a fim de permitir a identificação e avaliação dos riscos que possam ter impacto no desempenho e nos objetivos.			
a) A administração define os objetivos de negócios de todas as áreas, funções e atividades relevantes para a realização dos objetivos-chave da organização, explicitando-os com clareza suficiente, em termos específicos e mensuráveis;	a.1) Documentos que evidenciem o desdobramento de todos os objetivos estratégicos em objetivos táticos e operacionais de todas as unidades administrativas – básicas e complementares (exemplo: planejamento tático ou operacional das áreas).		
b) A administração define as medidas de desempenho (metas, indicadores-chave de desempenho, indicadores-chave de risco e variações aceitáveis no desempenho) para todos os objetivos definidos; e	b.1) São definidos indicadores e metas para os objetivos táticos e operacionais (exemplo: planejamento tático ou operacional das áreas, com indicadores).		

(continua)

Dimensão/Questões	Exemplos de evidências/ Fontes de informação	Implement. (órgão)	Implement. (auditoria)
c) O modo como os objetivos são definidos, explicitados e comunicados permite a identificação e avaliação dos riscos que possam ter impacto no desempenho e no alcance dos objetivos.	c.1) As evidências de atendimento dos itens a.1 e b.1 são disseminadas/ comunicadas aos servidores do órgão/entidade (SEI, *e-mail*, outros).		
1.2.5 Política de gestão de riscos: a organização dispõe de uma política de gestão de riscos estabelecida e aprovada pela alta administração, comunicada apropriadamente e disponível para acesso a todos, abordando os seguintes aspectos:			
a) O documento que define a política de gestão de riscos da pasta deve conter: I. Os princípios e objetivos relevantes da gestão de riscos na organização e as ligações entre os objetivos e políticas da organização com a política de gestão de riscos; II. As diretrizes para a integração da gestão de riscos a todos os processos organizacionais, incluindo o planejamento estratégico, os projetos, as políticas de gestão em todos os níveis da organização e as parcerias com outras organizações; III. A definição clara de responsabilidades, competências e autoridade para gerenciar riscos no âmbito da organização como um todo e em todas as suas áreas (unidades, departamentos, divisões, processos e atividades), incluindo a responsabilidade pela implementação e manutenção do processo			

(continua)

Dimensão/Questões	Exemplos de evidências/ Fontes de informação	Implement. (órgão)	Implement. (auditoria)
de gestão de riscos e de asseguração da suficiência, eficácia e eficiência de quaisquer controles; IV. Diretrizes sobre como e com qual periodicidade os riscos devem ser identificados, avaliados, tratados, monitorados e comunicados, através de um plano de implementação do processo de gestão de riscos, em todos os níveis, funções e processos relevantes da organização; V. Diretrizes sobre como o desempenho da gestão de riscos, a adequação da estrutura, a aplicação do processo de gestão de riscos e a efetividade da política de gestão de riscos serão medidos e reportados; e VI. Atribuição clara de competências e responsabilidades pelo monitoramento, análise crítica e melhoria contínua da gestão de riscos, bem como diretrizes sobre a forma e a periodicidade como as alterações devem ser efetivadas.			
	a.1) Política de gestão de riscos aprovada pelo comitê setorial com os itens de I a VI; e		
	a.2) Evidências de comunicação da política de gestão de riscos aos servidores do órgão (SEI, *e-mail*, outros) e que ela esteja disponível ao acesso de todos (SEI, mural, intranet, *site*, outros).		

(continua)

Dimensão/Questões	**Exemplos de evidências/ Fontes de informação**	**Implement.** (órgão)	**Implement. (auditoria)**
1.2.6 Comprometimento da alta gestão: a alta administração e o corpo executivo da gestão (tática e operacional) estão completa e diretamente envolvidos em estabelecer e rever a estrutura e o processo de gestão de riscos e controles internos no âmbito de suas respectivas áreas de responsabilidade.			
	a.1) Interação (ata, *e-mail*, WhatsApp, entre outros) entre a alta administração (comitê setorial) e o corpo executivo da gestão (gerente, proprietários de riscos e servidores da área), evidenciando a análise crítica sobre o processo de gestão de riscos no exercício;		
	a.2) Atendimento das recomendações da ABR (exemplo: planilha de monitoramento do plano de ação do Smartsheet); e		
	a.3) Atendimento das determinações da Câmara de *Compliance*.		
1.2.7 Alocação de recursos: a administração aloca recursos suficientes e apropriados (pessoas, estruturas, sistemas de TI, programas de treinamento, métodos e ferramentas para gerenciar riscos) para a gestão de riscos, considerando uma relação equilibrada com o tamanho da organização, a relevância das áreas, funções e atividades críticas para a realização dos seus objetivos-chave, bem como com a natureza e o nível dos riscos.			

(continua)

Dimensão/Questões	Exemplos de evidências/ Fontes de informação	Implement. (órgão)	Implement. (auditoria)
	a.1) Portaria ou ata (ou outros) que designe secretaria executiva ou equivalente, obedecendo às seguintes faixas: Grupo 1: 0 a 200 servidores, mínimo 1 servidor; Grupo 2: 201 a 1000 servidores, mínimo 2 servidores; Grupo 3: acima de 1000, mínimo 3 servidores; e		
	a.2) Atingimento das metas de capacitação e certificação definidas na portaria do *ranking* voltadas aos quatro eixos do PCP, incluindo a capacitação dos membros do Comitê Setorial no curso de gestão de riscos da alta gestão.		
1.3 Pessoas: em que medida as pessoas na organização entendem seus papéis e responsabilidades relacionados à gestão de riscos e estão preparadas exercê-los?			
1.3.1 Reforço da *accountability*: todo o pessoal na organização, inclusive prestadores de serviços e outras partes relacionadas, recebe uma mensagem clara da gestão quanto à importância de se levar a sério suas responsabilidades de gerenciamento riscos, bem como é orientado e sabe como proceder para encaminhar assuntos relacionados a risco às instâncias pertinentes. Ademais, o pessoal designado para atividades			

(continua)

Dimensão/Questões	Exemplos de evidências/ Fontes de informação	Implement. (órgão)	Implement. (auditoria)
de identificação, avaliação e tratamento de riscos recebe capacitação suficiente para executá-las, inclusive no que diz respeito à identificação de oportunidades e à inovação.			
a) Todo o pessoal na organização, inclusive prestadores de serviços e outras partes relacionadas, recebe uma mensagem clara da gestão quanto à importância de cumprir suas responsabilidades de gerenciamento de riscos, bem como é orientado e sabe como proceder para encaminhar assuntos relacionados a risco às instâncias pertinentes; e	a.1) Evidências de disseminação/internalização da cultura de gestão de riscos (exemplo: política de GR, outros) entre todos os servidores da pasta (exemplos: SEI, *e-mail*, WhatsApp, memorando circular, reuniões nas gerências).		
b) O pessoal designado para atividades de identificação, avaliação e tratamento de riscos recebe capacitação suficiente para executá-las, inclusive no que diz respeito à identificação de oportunidades e à inovação.			
	b.1) Capacitação em gestão de riscos dos membros do Comitê Setorial; e		
	b.2) Capacitação em gestão de riscos de todos os proprietários de riscos.		
1.3.2 Estrutura de gerenciamento de riscos e controles: os grupos de pessoas que integram as três linhas na estrutura de gerenciamento de riscos e controles por toda a organização têm clareza quanto aos seus papéis, entendem os limites de suas responsabilidades e como seus cargos se encaixam na			

(continua)

Dimensão/Questões	Exemplos de evidências/ Fontes de informação	Implement. (órgão)	Implement. (auditoria)
estrutura geral de gestão de riscos e controles da organização, especialmente quanto aos seguintes aspectos:			
a) Na primeira linha, os proprietários de riscos: I. têm plena consciência de sua propriedade sobre os riscos, de sua responsabilidade primária pela identificação e gerenciamento dos riscos e pela manutenção de controles internos eficazes; e II. são regularmente capacitados para conduzir o processo de gestão de riscos em suas áreas de responsabilidade e para orientar as suas equipes sobre esse tema.			
	a.1) Regulamento ou regimento interno do órgão contendo as responsabilidades dos proprietários de riscos no gerenciamento dos riscos; e		
	a.2) Capacitação em gestão de riscos de todos os proprietários de riscos.		
b) Na segunda linha (comitê setorial ou secretaria executiva), o pessoal que integra funções de coordenação de atividades de gestão de riscos e/ ou de gerenciamento de riscos específicos por toda a organização: I. apoia e facilita aos proprietários de riscos o estabelecimento de processos de gerenciamento de riscos que sejam eficazes em suas áreas de responsabilidade;			

(continua)

Dimensão/Questões	**Exemplos de evidências/ Fontes de informação**	**Implement.** (órgão)	**Implement. (auditoria)**
II. fornece metodologias e ferramentas a todas as áreas, por toda a organização, com a finalidade de identificar e avaliar riscos; III. define, orienta e monitora funções e responsabilidades pela gestão de riscos em todas as áreas, por toda a organização; IV. estabelece uma linguagem comum de gestão de riscos, incluindo medidas comuns de probabilidade, impacto e categorias de riscos; V. orienta a integração do gerenciamento de riscos nos processos organizacionais e de gestão, e promovem competência para suportá-la; VI. comunica ao dirigente máximo e aos gestores executivos o andamento do gerenciamento de riscos em todas as áreas, por toda a organização.			
	b.1) Documento de instituição de comitê setorial da pasta ou da secretaria executivA (ou equivalente) do PCP, desde que previstas em seu ato de designação, as atribuições de apoio, monitoramento e orientação sobre questões relacionadas a riscos da pasta;		
	b.2) Evidências de apoio, monitoramento e orientação por parte do comitê setorial ou da secretaria executiva ou equivalente (ofício, *e-mail*, mensagens de WhatsApp, atas de reuniões, registro de orientação, outros); e		
	b.3) Evidências de comunicação ao dirigente máximo e aos gestores		

(continua)

Dimensão/Questões	Exemplos de evidências/ Fontes de informação	Implement. (órgão)	Implement. (auditoria)
	executivos do andamento do gerenciamento de riscos em *todas unidades administrativas* (exemplos: ofício, *e-mail*, mensagens de WhatsApp, atas de reuniões, outros).		
c) Na terceira linha (CGE, Assessores de Controle Interno ou o pessoal do Órgão/Entidade que integra a auditoria interna), especialmente o dirigente dessa função: I. tem conhecimento dos papéis fundamentais que a função de auditoria interna deve assumir em relação ao gerenciamento de riscos, dos que não deve assumir e dos que pode assumir com salvaguardas à independência, previstos na Declaração de Posicionamento do IIA: "O papel da Auditoria Interna no gerenciamento eficaz de riscos corporativo", e de fato exerce seus papéis em conformidade com essas orientações; II. tem compreensão clara da estratégia da organização e de como ela é executada, incluindo objetivos, metas, riscos associados e como esses riscos são gerenciados, e alinha as atividades da auditoria interna com as prioridades da organização; III. detém as competências necessárias para utilizar uma abordagem sistemática e disciplinada baseada no risco, para avaliar e melhorar a eficácia dos processos de gerenciamento de riscos, controle e governança.	c.1) Considerando tratar-se a terceira linha dos Órgãos/ Entidades, em sua maioria, desempenhada pela CGE e, ainda, o respectivo Plano Operacional de Ações de Controle (POAC), anualmente elaborado pela CGE, consolidado por meio de consulta a todos os Órgãos/ Entidades, não se exige resposta e evidência pelos órgãos.		

(continua)

Dimensão/Questões	Exemplos de evidências/ Fontes de informação	Implement. (órgão)	Implement. (auditoria)
2 PROCESSO			
2.1 Identificação e análise de riscos			
2.1.1 Estabelecimento do contexto: o processo de identificação de riscos é precedido de uma etapa de estabelecimento do contexto envolvendo o entendimento, por parte de todos os participantes do processo, da organização, dos seus objetivos-chave e do ambiente no qual eles são perseguidos, com o fim de obter uma visão abrangente dos fatores internos e externos que podem influenciar a capacidade da organização de atingir seus objetivos, incluindo:			
a) A identificação dos objetivos da atividade, do processo ou do projeto objeto da identificação e análise de riscos é realizada considerando o contexto dos objetivos estratégicos da organização como um todo, de modo a assegurar que os riscos significativos do objeto sejam apropriadamente identificados;	a.1) Documento "escopo, contexto e critérios" deve relacionar os objetivos da atividade, do processo ou do projeto (objetivos operacionais do planejamento operacional) de todas as áreas aos objetivos estratégicos da pasta. *A pasta deve ter planejamento estratégico e planejamento operacional de todas as áreas. **Para áreas já mapeadas, deverá ser atualizado o documento "escopo, contexto e critérios" para atender ao que foi solicitado na questão.		
b) A identificação das partes interessadas (internas e externas), bem como a identificação e a apreciação	b.1) Documento "escopo, contexto e critérios" deve conter a identificação das partes interessadas.		

(continua)

Dimensão/Questões	Exemplos de evidências/ Fontes de informação	Implement. (órgão)	Implement. (auditoria)
das suas necessidades, expectativas legítimas e preocupações, de modo a incluir essas partes interessadas em cada etapa do processo de gestão de riscos, por meio de comunicação e consulta; e			
c) A comunicação e consulta com partes interessadas (internas e externas) para assegurar que as suas visões e percepções, incluindo necessidades, suposições, conceitos e preocupações sejam identificadas, registradas e levadas em consideração no processo de gestão de riscos.	c.1) Evidências de que, para a elaboração do contexto, é realizada consulta às partes interessadas (internas e/ou externas) acerca das suas necessidades, expectativas e preocupações (exemplos: atas de reunião, WhatsApp, *e-mail*, questionários, entre outros) ou c.2) Evidências de utilização dos canais de ouvidoria para elaboração do contexto.		
2.1.2 Documentação do estabelecimento do contexto: a documentação da etapa de estabelecimento do contexto inclui pelo menos os seguintes elementos essenciais, para viabilizar um processo de avaliação de riscos consistente:			
a) Matriz SWOT (ou qualquer outra forma de identificação de ambiente interno e externo), identificação dos *stakeholders*, os critérios com base nos quais os riscos serão analisados, avaliados e priorizados (como serão definidos a probabilidade e o impacto; como será determinado se o nível de risco é tolerável ou aceitável; quais os critérios de priorização para análise, avaliação e tratamento dos riscos identificados); e	a.1) Documento "escopo, contexto e critérios", contendo o que está sendo solicitado no subitem "a".		

(continua)

Dimensão/Questões	**Exemplos de evidências/ Fontes de informação**	**Implement. (órgão)**	**Implement. (auditoria)**
b) Divulgação do documento final do estabelecimento do contexto entre todos os participantes do processo com a finalidade de influenciar a capacidade da organização de atingir seus objetivos.	b.1) Divulgação do documento "escopo, contexto e critérios" (exemplos: SEI, *e-mail*, intranet, ata de reunião etc.).		
2.1.3 Identificação e análise dos riscos: os processos de identificação e análise de riscos envolvem pessoas e utilizam técnicas e ferramentas que asseguram a identificação abrangente e a avaliação consistente dos riscos, notadamente quanto aos seguintes aspectos:			
a) Identificação e análise dos riscos com a participação dos servidores técnicos envolvidos no escopo;	a.1) Evidências da participação da equipe que está envolvida no escopo, por exemplo atas de reuniões (de preferência), fotos, divulgações em mídias sociais, *e-mail*, declaração do responsável pela área mapeada ou do consultor da CGE etc.		
b) O processo de identificação de riscos considera explicitamente a possibilidade de fraudes, burla de controles e outros atos impróprios, além dos riscos inerentes aos objetivos de desempenho, divulgação (transparência e prestação de contas) e de conformidade com leis e regulamentos; Obs.: pelo menos um risco de cada subitem (b.1 e b.2).			
	b.1) Informação de que foram identificados riscos de integridade (fraudes, burla de controles e outros atos impróprios); e		

(continua)

Dimensão/Questões	Exemplos de evidências/ Fontes de informação	Implement. (órgão)	Implement. (auditoria)
	b.2) Informação de que foram identificados riscos de desempenho, divulgação (transparência e prestação de contas) e de conformidade com leis e regulamentos.		
c) Iniciativas estratégicas, ou novos projetos, ou atividades também possuem os riscos identificados e analisados, incorporando-se ao processo de gestão de riscos; e	c.1) Evidências de que foram identificados riscos relacionados a iniciativas estratégicas ou novos projetos/atividades, no exercício (exemplo: documento que demonstre, no mínimo, a identificação dos riscos, as causas, as consequências e as ações de controle). Obs.: novos projetos/ atividades são entendidos como projetos inovadores e não como riscos de processos já existentes na matriz de riscos da pasta.		
d) O processo de identificação de riscos considera explicitamente as causas diretamente vinculadas ao risco, incluindo a identificação da causa-raiz.	d.1) Na coluna "Causas" na matriz de riscos deverá ser identificada a causa-raiz entre as causas identificadas.		
2.1.4 Documentação da identificação e análise de riscos: no registro de riscos, a documentação da identificação e análise de riscos contém elementos suficientes para apoiar o adequado gerenciamento dos riscos, incluindo pelo menos:			
a) O registro dos riscos identificados e analisados em sistema, planilha ou matriz de avaliação de riscos, descrevendo os componentes de cada risco separadamente com, no mínimo, objetivos, causas, consequências,	a.1) Matriz de riscos com as seguintes colunas preenchidas: objetivos estratégicos e operacionais, causas, consequências, probabilidade, impacto, nível de risco e indicadores para monitoramento do risco.		

(continua)

Dimensão/Questões	Exemplos de evidências/ Fontes de informação	Implement. (órgão)	Implement. (auditoria)
probabilidade, impacto, nível de risco e indicadores para monitoramento do risco;			
b) A descrição do objetivo na identificação do risco está alinhada ao objetivo da área/projeto/processo ou planejamento estratégico do órgão; e	b.1) Matriz de riscos com as seguintes colunas preenchidas: objetivos estratégicos e operacionais.		
c) O Superintendente/Diretor ou equivalente realiza uma análise crítica das etapas de identificação e de análise de risco de sua competência e, se necessário, propõe alterações antes de submeter à aprovação do Comitê Setorial de *Compliance*.	c.1) Interação (ata, *e-mail*, WhatsApp, entre outros) entre os superintendentes e os proprietários de riscos de suas respectivas áreas, evidenciando a análise crítica sobre o processo da gestão de riscos no exercício.		
d) A descrição dos controles (existentes e novos) e a realização da análise da efetividade dos controles existentes (se houver controle existente).			
	d.1) Preenchimento na MR das ações de controle (existentes e novos); e		
	d.2) Preenchimento, com coerência, na MR da coluna "efetividade dos controles existentes".		
2.2 Avaliação e resposta a riscos			
2.2.1 Critérios para priorização de riscos: os critérios estabelecidos para priorização de riscos levam em conta, por exemplo, a significância ou os níveis e tipos de risco, os limites de apetite a risco, as tolerâncias a risco ou variações aceitáveis no desempenho, os níveis recomendados de atenção, critérios de comunicação a instâncias competentes, o			

(continua)

Dimensão/Questões	Exemplos de evidências/ Fontes de informação	Implement. (órgão)	Implement. (auditoria)
tempo de resposta requerido, revelando-se adequados para orientar decisões seguras quanto a:			
a) Se determinado risco precisa de tratamento e a prioridade para isso; e			
	a.1) Indicação do apetite a risco em documento formal (exemplo: ata de reunião ou documento escopo, contexto e critérios etc.); e		
	a.2) Indicação de como será feita a priorização do tratamento dos riscos (exemplo: ata de reunião ou documento escopo, contexto e critérios etc.).		
b) Se os controles devem ser implementados, modificados ou apenas mantidos.	b.1) Evidências de que foi realizada avaliação crítica dos controles existentes, para verificar se devem ser modificados ou mantidos ou, ainda, implementados novos controles (exemplo: ata de reunião, preenchimento das colunas "falhas de controle/ alterações de controle" e "observações", criação de novos controles na MR etc.).		
2.2.2 Avaliação e seleção das respostas a riscos: a avaliação e a seleção das respostas a serem adotadas para reduzir a exposição aos riscos identificados consideram a relação custo-benefício na decisão de implementar atividades de controle ou outras ações e medidas, além de controles internos, para mitigar os riscos.			
a) Foi apresentado algum estudo para considerar a relação custo-benefício na decisão de implementar ações de controle.	a.1) Deverá ser apresentada avaliação sobre a relação custo-benefício para a implantação do(s) plano(s) de ação, no mínimo, dos riscos-chave.		

(continua)

Dimensão/Questões	Exemplos de evidências/ Fontes de informação	Implement. (órgão)	Implement. (auditoria)
2.2.3 Avaliação e seleção das respostas a riscos: todos os responsáveis pelo tratamento de riscos são envolvidos no processo de seleção das opções de resposta e na elaboração dos planos de tratamento, bem como são formalmente comunicados das ações de tratamento decididas, para garantir que sejam adequadamente compreendidas, se comprometam e sejam responsabilizados por elas.			
a) Evidência da participação de técnicos da equipe envolvida, no processo de seleção das ações de tratamento e na elaboração dos planos de ação;	a.1) Atas de reunião, fotos, lista de presença ou qualquer outro registro que comprove a participação dos servidores responsáveis pelas ações constantes nos planos de ação implantados e revisados no exercício; ou a.2) Declaração do responsável pela área mapeada ou do consultor da CGE.		
b) Existência de plano de ação para a implantação (projeto) e implementação (processo) das ações de tratamento (novas ou existentes, sendo para as existentes só a parte de processo); e	b.1) Todas as ações de controle deverão conter um plano de ação, sendo que para aquelas existentes ou implantadas deverá ser apresentado "como" o processo é executado e para as novas ações deverá ser apresentado o projeto e o processo (exemplo: 5W2H).		
c) Evidência de que os técnicos envolvidos (inclusive de outras áreas envolvidas) são comunicados sobre as ações de tratamento sob sua responsabilidade, para garantir que sejam adequadamente compreendidas, bem como se comprometam e sejam responsabilizados por elas.	c.1) Registro (ata, *e-mail*, WhatsApp, entre outros) que comprove a comunicação de todos os responsáveis pela implantação das atividades constantes no plano de ação, após aprovação do respectivo risco.		

(continua)

Dimensão/Questões	Exemplos de evidências/ Fontes de informação	Implement. (órgão)	Implement. (auditoria)
2.2.4 Planos e medidas de contingência: todas as áreas, funções e atividades relevantes (unidades, departamentos, divisões, processos, projetos) para a realização dos objetivos-chave da organização têm identificados os elementos críticos de sua atuação e têm definidos planos e medidas de contingência formais e documentados para garantir a recuperação e a continuidade dos seus serviços em casos de desastres.	a.1) Todos os riscos-chave da organização, com impacto *maior* ou *catastrófico*, com planos e medidas de contingência formais e documentados para garantir a recuperação e a continuidade dos seus serviços em casos de desastres.		
2.2.5 Documentação da avaliação e seleção de respostas a riscos: a documentação da avaliação e seleção de respostas aos riscos inclui:			
a) O plano de ação para tratamento dos riscos está anexado à matriz de riscos e ele identifica claramente os riscos que requerem tratamento;	a.1) Todas as ações de controle deverão conter um plano de ação, sendo que para aquelas existentes ou implantadas deverá ser apresentado "como" o processo é executado e para as novas ações deverá ser apresentado o projeto e o processo (exemplo: 5W2H).		
b) As respostas a riscos aprovadas e as razões para a seleção das opções de tratamento incluem informações como: o que será implantado, como será implantada a ação de controle, recursos requeridos (se houver), prazo(s) e produto(s) a serem entregues;	b.1) Todas as ações de controle a implantar contêm as seguintes informações no seu respectivo plano de ação: como será implantada a ação de controle, os recursos requeridos (se houver), prazo(s) e os produto(s) a serem entregues.		
c) Foram definidos os indicadores de monitoramento para os riscos e/ou ações de controle e as informações relacionadas ao monitoramento			

(continua)

Dimensão/Questões	**Exemplos de evidências/ Fontes de informação**	**Implement.** (órgão)	**Implement. (auditoria)**
desses indicadores são reportadas à alta gestão com a periodicidade mínima definida para as reuniões do Comitê Setorial; e			
	c.1) Todos os riscos apresentam indicadores descritos na matriz de riscos; e		
	c.2) Evidências de que os resultados dos indicadores de monitoramento, pelo menos para os riscos-chave, são apresentados ao Comitê Setorial no mínimo uma vez no exercício, de acordo com as atas de reunião.		
d) Os responsáveis pela execução das ações de controle possuem autoridade suficiente para gerenciá-las.	d.1) Os responsáveis pela execução das ações de controle são titulares de unidades administrativas.		
2.3 Monitoramento e comunicação			
2.3.1 Informação e comunicação: as atividades de informação e comunicação estão estabelecidas em diretrizes e protocolos efetivamente aplicados durante o processo de gerenciamento de riscos:			
a) Existem diretrizes e protocolos estabelecidos para viabilizar o compartilhamento de informações sobre riscos e a comunicação clara, transparente, tempestiva, relevante e recíproca entre pessoas e grupos de profissionais no âmbito da organização, para que se mantenham informados e habilitados para exercer suas responsabilidades no gerenciamento de riscos; e	a.1) Documento Plano de Comunicação e Consulta.		

(continua)

Dimensão/Questões	Exemplos de evidências/ Fontes de informação	Implement. (órgão)	Implement. (auditoria)
b) Existe efetiva comunicação e consulta às partes interessadas internas e externas durante todas as fases do processo de gestão de riscos.	b.1) Evidências de utilização dos canais de comunicação listados no documento citado no subitem "a.1" às partes interessadas internas e externas, durante todo o processo de gestão de riscos, no exercício (exemplos de canais de comunicação: SEI, WhatsApp, reuniões, *e-mail* etc.). Obs.: evidências de sistematização e institucionalização da comunicação (exemplo: matriz RACI sendo aplicada durante o processo de gestão de riscos).		
2.3.2 Sistema de informação: a gestão de riscos é apoiada por um registro de riscos ou sistema de informação que:			
a) Apoia e facilita a comunicação entre pessoas e grupos de profissionais com responsabilidades sobre o processo de gestão de riscos, permitindo uma visão integrada das atividades de identificação, análise, avaliação, tratamento e monitoramento de riscos, incluindo a sua documentação; e	a.1) Matriz de riscos no Smartsheet.		
b) O preenchimento do sistema é mantido atualizado pelas diversas pessoas ou áreas que têm responsabilidades pela gestão de riscos, tanto em função das decisões aprovadas em todas as etapas do processo de gestão de riscos, quanto pelas atividades de monitoramento e correção de deficiências, estando as evidências anexadas à matriz de riscos.			

(continua)

Dimensão/Questões	**Exemplos de evidências/ Fontes de informação**	**Implement.** (órgão)	**Implement. (auditoria)**
	b.1) Preenchimento de todas as colunas da matriz de riscos no Smartsheet, inclusive os relatórios quadrimestrais; e		
	b.2) As decisões aprovadas nas reuniões de Comitê Setorial (*vide* atas de reunião) são implantadas.		
2.3.3 Monitoramento contínuo e autoavaliações: em todos os níveis da organização, os gestores que têm propriedade sobre riscos (primeira linha) monitoram o alcance de objetivos, riscos e controles-chave em suas respectivas áreas de responsabilidade:			
a) Existe o registro e monitoramento contínuos por parte dos proprietários de riscos, por meio de indicadores para o risco e/ou indicadores-chave de desempenho, além de outras verificações rotineiras, para manter riscos e resultados dentro do apetite a riscos definido ou dentro de variações aceitáveis de desempenho; e			
	a.1) Preenchimento dos relatórios quadrimestrais pelo proprietário do risco com análise crítica do gerenciamento do risco no período; e		
	a.2) Memória de cálculo dos indicadores, anexada no Smartsheet, subsidiando o preenchimento da coluna "Indicador de Monitoramento do Risco" (indicar as linhas do Smartsheet).		

(continua)

Dimensão/Questões	Exemplos de evidências/ Fontes de informação	Implement. (órgão)	Implement. (auditoria)
b) A execução e os resultados desses monitoramentos são documentados e reportados às instâncias apropriadas da administração e da governança.	b.1) Evidências de apresentação dos relatórios de monitoramento nas reuniões do Comitê Setorial, no mínimo quadrimestralmente (exemplo: atas de reunião de validação do relatório quadrimestral pelo Comitê Setorial).		
2.3.4 Monitoramento contínuo e autoavaliações: as funções que supervisionam riscos ou que coordenam as atividades de gestão de riscos (comitê de governança, riscos e controles; comitê de auditoria ou grupos equivalentes da segunda linha):			
a) A Secretaria Executiva do Comitê Setorial de *Compliance* ou equivalente exerce uma supervisão efetiva dos processos de gerenciamento de riscos, inclusive das atividades de monitoramento contínuo e autoavaliações da primeira linha de defesa; e			
	a.1) Portaria ou equivalente instituindo a área de *compliance*, ou secretaria executiva de *compliance*, ou área/pessoa equivalente;		
	a.2) Evidência de supervisão efetiva do gerenciamento de riscos feito pela Secretaria Executiva ou equivalente (exemplo: interação por meio de ata, *e-mail*, WhatsApp, entre outros, entre a Secretaria Executiva ou equivalente e os servidores envolvidos na gestão de riscos); e		
	a.3) Evidências de que autoavaliação dos proprietários de riscos foi realizada no exercício.		

(continua)

Dimensão/Questões	Exemplos de evidências/ Fontes de informação	Implement. (órgão)	Implement. (auditoria)
b) A Secretaria Executiva do Comitê Setorial de *Compliance* ou equivalente fornece orientação e facilitação para a condução das atividades de monitoramento contínuo e autoavaliações da primeira linha de defesa, mantém a sua documentação e comunica os seus resultados às instâncias apropriadas da administração e da governança.			
	b.1) Evidências de comunicação, pelo menos quadrimestral, pela Secretaria Executiva ou equivalente dos resultados do Gerenciamento dos Riscos ao comitê setorial (exemplos: ata, *e-mail*, WhatsApp, entre outros); e		
	b.2) Evidências de reporte da autoavaliação dos proprietários de riscos ao Comitê Setorial.		
2.3.5 Monitoramento periódico e avaliações independentes: a função de auditoria interna* exerce o seu papel de auxiliar a organização a realizar seus objetivos a partir da aplicação de uma abordagem sistemática e disciplinada para avaliar e melhorar a eficácia dos processos de gerenciamento de riscos, controle e governança:			
a) Existe uma função de auditoria interna na organização responsável por auxiliá-la a atingir seus objetivos e promover melhorias no gerenciamento de riscos; Obs.: nos termos do Decreto Estadual nº 9.406/2021 e da			

(continua)

Dimensão/Questões	Exemplos de evidências/ Fontes de informação	Implement. (órgão)	Implement. (auditoria)
Lei nº 20.986/2021 (art. 2º, inc. IV), a CGE, atualmente, desempenha a função de auditoria interna nos órgãos e entidades do Poder Executivo.			
	a.1) Consultoria da CGE nos órgãos/entidades (Consultores e Assessorias de Controle Interno), Decreto Estadual nº 9.406/2021 - arts. 5º, 7º e 9º - e Lei nº 20.986/2021 - art. 2º, inc. IV; e		
	a.2) Evidência de função de auditoria interna na organização (exemplos: área responsável no organograma da organização, portaria de designação etc.).		
b) A auditoria interna estabelece planos anuais ou plurianuais baseados em riscos, de modo a alinhar as atividades da auditoria interna com as prioridades da organização e garantir que os seus recursos são alocados em áreas de maior risco, para avaliar e melhorar a eficácia dos processos de gerenciamento de riscos, controle e governança;			
	b.1) Plano Operacional das Ações de Controle/POAC, anualmente elaborado pela CGE (não precisa anexar a evidência desse subitem); e		
	b.2) Planos anuais ou plurianuais baseados em riscos aprovados, elaborados pelas estruturas/funções de que dispõe o item a.2) do item anterior.		

(continua)

Dimensão/Questões	**Exemplos de evidências/ Fontes de informação**	**Implement.** (órgão)	**Implement. (auditoria)**
c) A auditoria interna utiliza abordagem baseada em risco ao definir o escopo e planejar a natureza, época e extensão dos procedimentos de auditoria em seus trabalhos, incluindo a identificação e análise dos riscos e o exame de como eles são gerenciados pela gestão da área responsável; e	c.1) Pelo menos 1 estudo prévio (planejamento da auditoria) definindo escopo, natureza e extensão dos trabalhos, utilizando-se de uma abordagem baseada em riscos, elaborado pelas estruturas/funções de que dispõe o item a.2.		
d) A auditoria interna fornece asseguração aos órgãos de governança e à alta administração, bem como aos órgãos de controle e regulamentação, de que os processos de gestão de riscos e controle operam de maneira eficaz e que os riscos significativos são gerenciados adequadamente em todos os níveis da organização.			
	d.1) Manifestações da CGE, no papel de auditoria interna, encaminhadas aos órgãos de governança e à alta gestão (exemplo: notas técnicas, informativo de ação de controle/IAC), tendo como escopo o gerenciamento de riscos da pasta; e		
	d.2) Relatórios (ou outros documentos) elaborados pelas estruturas/funções de que dispõe o item a.2, encaminhados aos órgãos de governança e alta gestão, contendo a avaliação do gerenciamento dos riscos estratégicos do órgão/ entidade;		

(continua)

Dimensão/Questões	Exemplos de evidências/ Fontes de informação	Implement. (órgão)	Implement. (auditoria)
2.3.6 Monitoramento periódico e avaliações independentes: há planos e as medidas de contingência definidos para os elementos críticos da atuação da entidade, em todos as áreas, funções e atividades relevantes para o alcance dos objetivos-chave da organização e estes são periodicamente testados e revisados.	a.1) Os planos de contingência de todos os riscos-chave da organização, com impacto *maior* ou *catastrófico*, são testados (quando couber) e revisados pelo menos a cada dois anos.		
2.3.7 Monitoramento periódico e avaliações independentes: estão estabelecidos e em funcionamento procedimentos e protocolos para monitorar e comunicar mudanças significativas nas condições que possam alterar o nível de exposição a riscos e ter impactos significativos na estratégia e nos objetivos da organização.			
a) Existem procedimentos e protocolos estabelecidos e em funcionamento para monitorar e comunicar mudanças significativas nas condições internas e/ou externas que possam alterar os níveis de riscos-chave e estratégicos da organização.	a.1) Análise(s) das condições internas e/ou externas que possam alterar os níveis de riscos-chave e estratégicos da organização, registrada(s) em ata de reunião do comitê setorial. Obs.: é recomendável a utilização do PowerBI ou outras ferramentas de gestão para o monitoramento em questão.		
2.3.8 Correção de deficiências e melhoria contínua: os resultados das atividades de monitoramento são utilizados para as tomadas de medidas necessárias à correção de deficiências e à melhoria contínua do desempenho da gestão de riscos, incluindo, por exemplo:			

(continua)

Dimensão/Questões	**Exemplos de evidências/ Fontes de informação**	**Implement.** (órgão)	**Implement. (auditoria)**
a) Os resultados do gerenciamento de riscos são comunicados e analisados criticamente pelo Comitê Setorial; e			
	a.1) Preenchimento, de forma quantitativa e qualitativa, da coluna "Resultados Positivos" no Smartsheet; e Obs. pelo menos 1 resultado positivo por área mapeada.		
	a.2) Evidências de que o Comitê Setorial analisa criticamente o gerenciamento de riscos com o objetivo de melhoria do processo, no mínimo quadrimestralmente (exemplo: atas de reuniões ou outros documentos).		
b) São elaborados e devidamente acompanhados planos de ação para corrigir as deficiências identificadas nas atividades de monitoramento e para melhorar o desempenho da gestão de riscos.			
	b.1) As decisões aprovadas nas reuniões de Comitê Setorial (*vide* atas de reunião) são implantadas; e		
	b.2) Evidências de atendimento das recomendações emitidas pela CGE. (exemplo: Matriz de Monitoramento do Smartsheet, inclusão dos riscos transversais de licitações na MR [202111867000698], entre outros).		
3 PARCERIAS (ENTRE ÓRGÃOS/ENTIDADES)			
3.1 Gestão de riscos em parcerias			

(continua)

Dimensão/Questões	Exemplos de evidências/ Fontes de informação	Implement. (órgão)	Implement. (auditoria)
3.1.1 Avaliação da capacidade de gestão de riscos de entidades parceiras: o compartilhamento dos riscos é precedido de avaliação fundamentada e documentada da capacidade das potenciais organizações parceiras para gerenciar os principais riscos relacionados a cada objetivo, meta ou resultado.			
a) O compartilhamento dos riscos com potenciais organizações parceiras é precedido de avaliação fundamentada e documentada da competência da organização para gerenciar os principais riscos a serem compartilhados.	a.1) Documento de avaliação fundamentado pelo proprietário do risco que demonstre a necessidade do compartilhamento do risco e comprove a competência da organização parceira.		
3.1.2 Definição de responsabilidades, informação e comunicação: é aplicado o processo de gestão de riscos para identificar, avaliar, gerenciar e comunicar riscos relacionados a cada objetivo, meta ou resultado das políticas de gestão compartilhadas.			
a) São designados responsáveis com autoridade e recursos para tomar e implementar decisões relacionadas ao gerenciamento dos principais riscos relacionados a cada objetivo, meta ou resultado esperado das políticas de gestão compartilhadas por meio de parcerias; e	a.1) Atas de reuniões entre as Pastas ou ofício de solicitação de compartilhamento de risco do órgão de origem do risco para o órgão parceiro.		
b) São definidos em quais condições e para quem cada responsável deve fornecer informações relacionadas a risco e desempenho.	b.1) Plano de ação (5W2H) compartilhado com definição de responsabilidades claras.		

(continua)

Dimensão/Questões	Exemplos de evidências/ Fontes de informação	Implement. (órgão)	Implement. (auditoria)
3.1.3 Processo de gestão de riscos parcerias: o processo de gestão de riscos é aplicado para identificar, avaliar, gerenciar e comunicar riscos relacionados a cada objetivo, meta ou resultado pretendido das políticas de gestão compartilhadas.			
a) O processo de gestão de riscos é aplicado para identificar, avaliar, gerenciar e comunicar riscos relacionados a cada objetivo, meta ou resultado pretendido das políticas de gestão compartilhadas.			
	a.1) Informar o número do risco compartilhado (ID) na matriz de riscos (validada); e		
	a.2) Relatório quadrimestral preenchido de gerenciamento de risco da entidade proprietária do risco, quando requerido em decorrência da data da validação da matriz de riscos.		
3.1.4 Processo de gestão de riscos parcerias: pessoas de todas as áreas, funções ou setores das organizações parceiras com envolvimento na parceria e outras partes interessadas no seu objeto participam do processo de identificação e avaliação dos riscos relacionados a cada objetivo, meta ou resultado esperado das parcerias.			
a) Pessoas de todas as áreas, funções ou setores com envolvimento na parceria, de ambas organizações parceiras, e outras partes interessadas no seu objeto participam do processo de identificação	a.1) Ata de reunião de trabalho das organizações parceiras, com a identificação de servidores das áreas, funções ou setores com envolvimento no risco da parceria.		

(continua)

Dimensão/Questões	Exemplos de evidências/ Fontes de informação	Implement. (órgão)	Implement. (auditoria)
e avaliação dos riscos relacionados a cada objetivo, meta ou resultado esperado das parcerias.			
3.1.5 Processo de gestão de riscos de parcerias: um registro de riscos único é elaborado na identificação e avaliação dos riscos e é atualizado conjuntamente pelas organizações parceiras em função das atividades de monitoramento.			
a) Um registro de riscos único é elaborado na identificação e avaliação dos riscos e é atualizado conjuntamente pelas organizações parceiras em função das atividades de tratamento e monitoramento de riscos.	a.1) Evidências (ofício, *e-mail*, mensagens de WhatsApp, atas de reuniões) de trabalho conjunto das organizações parceiras na identificação e avaliação dos riscos, e a demonstração da atualização quadrimestral do monitoramento compartilhado do risco (processo contínuo).		
3.1.6 Processo de gestão de riscos parcerias: há informação regular e confiável para permitir que cada organização parceira monitore os riscos e o desempenho em relação a cada objetivo, meta ou resultado esperado.			
a) Há informação regular e confiável para permitir que cada organização parceira monitore os riscos e o desempenho em relação a cada objetivo, meta ou resultado esperado das parcerias.	a.1) Plano de ação (5W2H) compartilhado com definição de responsabilidades claras.		
3.2 Planos e medidas de contingência			

(continua)

Dimensão/Questões	**Exemplos de evidências/ Fontes de informação**	**Implement.** (órgão)	**Implement. (auditoria)**
3.2.1 As organizações parceiras definem planos e medidas de contingência formais e documentados para garantir a recuperação e a continuidade dos serviços em casos de desastres ou para minimizar efeitos adversos sobre o fornecimento de serviços ao público quando uma ou outra parte falhar.			
a) As organizações parceiras definem planos e medidas de contingência formais e documentados para garantir a recuperação e a continuidade dos serviços, em casos de desastres, ou para minimizar efeitos adversos sobre o fornecimento de serviços ao público, quando uma ou outra parte falhar.	a.1) Plano de contingência formal e documentado para cada risco compartilhado, inclusive prevendo quando uma ou outra parte falhar.		
3.2.2 Os planos e medidas de contingência são periodicamente testados e revisados.			
a) Os planos e as medidas de contingência são periodicamente testados e revisados.	a.1) Os planos de contingência de todos os riscos compartilhados da organização, com impacto *maior* ou *catastrófico*, são testados (quando couber) e revisados pelo menos a cada dois anos.		
4 RESULTADOS			
4.1 Melhoria dos processos de governança			
4.1.1 Os responsáveis pela governança e a alta administração têm consciência do estágio atual da gestão de riscos na organização?			

(continua)

Dimensão/Questões	Exemplos de evidências/ Fontes de informação	Implement. (órgão)	Implement. (auditoria)
a) Se os responsáveis pela governança e a alta administração sabem até que ponto a administração estabeleceu uma gestão de riscos eficaz, integrada e coordenada por todas as áreas, funções e atividades relevantes e críticas para a realização dos objetivos-chave da organização, tendo consciência do nível de maturidade atual e do progresso das ações em curso para atingir o nível almejado.	a.1) Interação (ata, *e-mail*, WhatsApp, entre outros) entre os superintendentes e os proprietários de riscos de suas respectivas áreas, evidenciando a análise crítica por parte dos superintendentes ou demais membros do comitê setorial sobre relatório quadrimestral de ao menos um dos 3 últimos quadrimestres. Obs.: a pontuação integral está vinculada à implantação da GR em toda a organização.		
4.1.2 Os objetivos-chave da organização estão identificados e refletidos na sua cadeia de valor e nos seus demais instrumentos de direcionamento e comunicação da estratégia?			
a) Se os objetivos-chave, que traduzem o conjunto de valores a serem gerados, preservados e/ou entregues à sociedade, estão identificados e refletidos na cadeia de valor, na missão e visão e na organização e nos seus valores fundamentais, formando a base para a definição da estratégia e a fixação de objetivos estratégicos e de negócios.			
	a.1) Planejamento estratégico com previsão de gerenciamento de riscos;		
	a.2) Cadeia de valor; e		
	a.3) Política de comunicação do órgão, estabelecendo as diretrizes norteadoras das ações de Comunicação Setorial (portaria).		

(continua)

Dimensão/Questões	Exemplos de evidências/ Fontes de informação	Implement. (órgão)	Implement. (auditoria)
4.1.3 Os objetivos estratégicos e de negócios estão estabelecidos juntamente com as respectivas medidas de desempenho?			
a) Se os objetivos estratégicos e de negócios estão estabelecidos, alinhados com o direcionamento estratégico (item anterior), juntamente com as medidas de desempenho (metas, indicadores-chave de desempenho, indicadores-chave de risco e variações aceitáveis no desempenho), permitindo medir o progresso e monitorar o desempenho de todas as áreas, funções e atividades relevantes da organização para a realização dos seus objetivos-chave.	a.1) Evidências de algum instrumento de medida de desempenho relacionadas aos objetivos estratégicos do órgão. Exemplos: I - planejamento estratégico contendo as métricas ou indicadores de mensuração dos objetivos estratégicos; ou II - riscos estratégicos da matriz de riscos relacionados aos objetivos estratégicos, com os respectivos indicadores de desempenho.		
4.1.4 Os principais riscos relacionados a cada objetivo, meta ou resultado-chave pretendido estão identificados e incorporados ao processo de gerenciamento de riscos?			
a) Se os principais riscos estão identificados, avaliados e sob tratamento e monitoramento relacionados a cada objetivo, meta ou resultado-chave pretendido de todas as áreas, funções e atividades relevantes para a realização dos objetivos-chave da organização, com o desempenho sendo comunicado aos níveis apropriados da administração e da governança.	a.1) Evidências de vinculação da gestão de risco ao planejamento estratégico para o alcance dos objetivos-chave (todos os objetivos estratégicos com riscos vinculados na matriz de riscos).		
4.2 Resultados-chave da gestão de riscos			

(continua)

Dimensão/Questões	Exemplos de evidências/ Fontes de informação	Implement. (órgão)	Implement. (auditoria)
4.2.1 Uma consciência sobre riscos, objetivos, resultados, papéis e responsabilidades está disseminada por todos os níveis da organização?			
a) Se os responsáveis pela governança, a administração e as pessoas responsáveis em todos os níveis têm um entendimento atual, correto e abrangente dos objetivos sob a sua gestão, de seus papéis e responsabilidades; e	a.1) A gestão de riscos foi implantada em 100% das unidades administrativas, básicas e complementares, do órgão/entidade?		
b) Se os resultados da gestão de riscos são disseminados em todos os níveis da organização.			
	b.1) Pelo menos um resultado positivo relevante por área mapeada descrito de forma objetiva na matriz de riscos, com as respectivas evidências se necessárias; e		
	b.2) Evidência de circularização dos resultados para todos os níveis da organização, por meio de vídeos curtos (proprietários dos riscos) ou *e-mail* ou expedientes gerados no SEI ou entrevistas, entre outros.		
4.2.2 Os responsáveis pela governança e a administração têm uma garantia razoável, proporcionada pela gestão de riscos, que:			
a) Os responsáveis pela governança e a administração têm uma garantia razoável, proporcionada pela gestão de riscos, que: I. entendem até que ponto os objetivos estratégicos estão sendo alcançados na realização da missão e dos objetivos-chave da organização;			

(continua)

Dimensão/Questões	Exemplos de evidências/ Fontes de informação	Implement. (órgão)	Implement. (auditoria)
II. entendem até que ponto os objetivos operacionais de eficiência e eficácia das operações, de qualidade de bens e serviços estão sendo alcançados; III. a comunicação de informações por meio de relatórios, de mecanismos de transparência e prestação de contas é confiável.			
	a.1) Evidências de que a gestão de riscos contribui para o alcance das metas e indicadores de todos os objetivos estratégicos (exemplo: relatório detalhado, ata de reunião, entre outros); e Obs.: condicionado à existência de planejamento estratégico.		
	a.2) Evidências de que a gestão de riscos contribui para o alcance das metas e indicadores de todos os objetivos operacionais (exemplo: relatório detalhado, ata de reunião, entre outros); Obs.: condicionado à existência de planejamento operacional em todas as áreas.		
	a.3) Evidências de disseminação dos resultados de a.1 e a.2 para os servidores da pasta (exemplos: SEI, *e-mail*, WhatsApp, entre outros).		
4.2.3 Os riscos da organização estão dentro dos seus critérios de risco?			

(conclusão)

Dimensão/Questões	Exemplos de evidências/ Fontes de informação	Implement. (órgão)	Implement. (auditoria)
a) Se, de acordo com a documentação resultante do processo de gestão de riscos e os critérios de risco definidos pela alta administração com a supervisão e concordância dos responsáveis pela governança (apetite a risco, tolerâncias a risco ou variações aceitáveis no desempenho), os riscos da organização estão dentro dos seus critérios de risco.	a.1) Informação disponível no relatório do PowerBI que apresenta a média dos níveis de riscos da pasta, comparando com o apetite definido.		

CRONOGRAMA

(continua)

Nº	Atividade	Início plan.	Término plan.	Duração	Início real	Término real	*Status*	Responsável	Comentários
	CICLO 1								
1	Assinatura de portarias – Política de Gestão de Riscos e instituição do Comitê Setorial de *Compliance*							Alta gestão	
2	**Avaliação e validação da maturidade/ definição do escopo da gestão de riscos**							Áreas/alta gestão	
3	Cronograma de atividades e plano de comunicação e consulta							Consultoria	
4	Elaboração do documento – Escopo, Contexto e Critério							Consultoria	
5	**Aprovação/validação de produtos – Cronograma de atividades, plano de comunicação e consulta e documento – Escopo, Contexto e Critério**							Comitê Setorial	
6	Orientação – Identificação, análise, avaliação de riscos e identificação dos controles (existentes e a implementar)							Consultoria	
7	Preenchimento da matriz de riscos – Identificação, análise, avaliação de riscos e identificação dos controles (existentes e a implementar)							Áreas e Consultoria	
8	**Validação de produto – Matriz de riscos**							Comitê Setorial	

(conclusão)

Nº	Atividade	Início plan.	Término plan.	Duração	Início real	Término real	*Status*	Responsável	Comentários
9	Orientação – Plano de ação							Consultoria	
10	Plano de ação – Elaboração							Áreas e Consultoria	
11	**Validação de produto – Plano de ação**							Comitê Setorial	
12	Estabelecimento de relatórios de gerenciamento de riscos e controles e de atividades dos responsáveis pelo gerenciamento de riscos							Consultoria	
13	Gerenciamento de riscos e controles (monitoramento e análise crítica)							Áreas	
14	Reuniões ordinárias Comitê Setorial (avaliação pelo Comitê Setorial da Atividade de Gerenciamento de Riscos)							Áreas	
15	Auditoria baseada em riscos (avaliação de maturidade, da estrutura de gestão de riscos e do processo de gestão de riscos)							Comitê Setorial	
16	Apresentação dos resultados da ABR ao Comitê Setorial							Controlador e Subchefe	

PLANO DE COMUNICAÇÃO E CONSULTA

Programa de *Compliance* Público – Implantação do eixo Gestão de Riscos

1 Introdução

Conforme apresentado na Norma ABNT NBR ISO 31000:2019, a etapa de "Comunicação e Consulta" consiste em um processo contínuo e iterativo que uma organização realiza para fornecer, compartilhar ou obter informações necessárias para dialogar com as partes interessadas, relacionadas com a gestão de riscos.

Comunicação envolve compartilhar informação com públicos-alvo, busca promover a conscientização e o entendimento do risco.

A consulta envolve o fornecimento de retorno pelos participantes, com a expectativa de que isto contribua para as decisões e sua formulação ou outras atividades.

2 Objetivos da fase "Comunicação e Consulta"

O processo de "Comunicação e Consulta" na gestão de riscos visa os seguintes pontos:

- reunir diferentes áreas de especialização para cada etapa do processo de gestão de riscos;

- assegurar que pontos de vista diferentes sejam considerados apropriadamente ao se definir critérios de risco e ao se avaliar riscos;
- fornecer informações suficientes para facilitar a supervisão dos riscos e a tomada de decisão;
- construir um senso de inclusão e propriedade entre os afetados pelo risco.

3 Comunicação/consulta com as partes interessadas

Definido o escopo do processo de gerenciamento de riscos, deverá ser observado o fluxo de comunicação e consulta, conforme tabela a seguir.

Tabela – Comunicação e consulta

(continua)

Comunicação e consulta – Gerenciamento de riscos					
Etapa	**Público-alvo** (a quem se deve comunicar e/ou consultar)	**Canal**	**Frequência**	**Quando**	**Responsável pela consulta/divulgação**
Assinatura de portarias – Política de Gestão de Riscos e instituição do Comitê Setorial de *Compliance*.	**Comunicar:** a todos os servidores da instituição, e também a sociedade em geral.	**Internamente**: intranet; **Externamente**: Instagram, Facebook;	Única	Após a publicação das portarias da Política e Instituição do Comitê no *DOE*.	**Intranet, Instagram, Facebook**: Comunicação Setorial divulga as informações recebidas da Consultoria.
Avaliação e validação da maturidade e definição do escopo da gestão de riscos.	**Comunicar:** a todos os servidores da instituição, com ênfase para as áreas do escopo.	*E-mail*, intranet; processo no SEI (para as áreas envolvidas no escopo).	Única	Após a validação.	**Intranet** (Comunicação Setorial divulga as informações recebidas da Consultoria) ***E-mail* e Processo no SEI** – Consultoria.
Cronograma de atividades Plano de Comunicação e Consulta	**Comunicar**: Cronograma aos servidores das áreas/atividades do escopo. Plano de Comunicação: aos servidores das áreas/atividades do escopo, bem como à Comunicação Setorial.	*E-mail*; WhatsApp (criar grupo de cada área/atividade do escopo). Reunião; Processo no SEI.	Única	Após a validação.	Consultoria

(continua)

Comunicação e consulta – Gerenciamento de riscos					
Etapa	**Público-alvo** (a quem se deve comunicar e/ou consultar)	**Canal**	**Frequência**	**Quando**	**Responsável pela consulta/divulgação**
Estabelecimento do contexto	**Consultar**: A(s) área(s)/atividade(s) do escopo e, se for o caso, os *stakeholders*;	- reuniões com as equipes; - entrevistas, se for o caso; - processo no SEI, se necessário pedido formal de informações; - *e-mail*.	Conforme necessidade.	Após a validação do escopo.	Consultoria
Orientação – Identificação, análise, avaliação, identificação e identificação dos controles.	**COMUNICAR**: Às equipes da área/atividade do escopo.	Reunião	Única	Após validação do contexto, convidar as áreas da seguinte forma: - Por *e-mail*: no mínimo 5 dias antes da data da reunião. - Por WhatsApp: 1 dia antes da reunião.	Consultoria
Preenchimento da matriz de riscos	**COMUNICAR:** Às equipes da área/atividade do escopo das datas das reuniões.	*E-mail*, WhatsApp.	Conforme necessidade.	- *E-mail*: no mínimo 5 dias antes da data da reunião. - WhatsApp: 1 dia antes da reunião.	Consultoria

(continua)

Comunicação e consulta – Gerenciamento de riscos					
Etapa	**Público-alvo** (a quem se deve comunicar e/ou consultar)	**Canal**	**Frequência**	**Quando**	**Responsável pela consulta/divulgação**
	Consultar: As equipes da área/atividade do escopo e outras áreas que possam contribuir (ex.: Ouvidoria na etapa de identificação de riscos).	Reuniões	Conforme necessidade.	Até o preenchimento final da matriz de riscos.	Consultoria
Validação da matriz de riscos	**Comunicar**: Às equipes da área/atividade do Escopo.	Processo no SEI contendo a matriz validada.	Única	Após validação.	Consultoria
	Comunicar: Aos demais servidores do órgão e à sociedade: divulgação somente de informações gerais	**Internamente**: intranet **Externamente**: Facebook, Instagram	Única	Após validação.	Comunicação Setorial divulga as informações recebidas da Consultoria
Orientação – Plano de ação	**Comunicar**: Às equipes da área/atividade do Escopo.	Reunião	Única	Após validação da matriz de risco, convidar as áreas da seguinte forma: - Por *e-mail*: no mínimo 5 dias antes da data da reunião. - Por WhatsApp: 1 dia antes da reunião)	Consultoria

(continua)

Comunicação e consulta – Gerenciamento de riscos					
Etapa	**Público-alvo** (a quem se deve comunicar e/ou consultar)	**Canal**	**Frequência**	**Quando**	**Responsável pela consulta/divulgação**
Plano de ação – Preenchimento	**Consultar:** As equipes da área/ atividade do escopo	Reuniões	Conforme necessidade.	Após orientação para confecção do plano de ação, convidar as áreas da seguinte forma: - Por *e-mail*: no mínimo 5 dias antes da data da reunião. - Por WhatsApp: 1 dia antes da reunião.	Consultoria
Plano de ação – Validação	**Comunicar:** Aos responsáveis pela implementação dos tratamentos de riscos propostos.	Reunião processo no SEI	Única.	Após orientação para validação do plano de ação, convidar as áreas/responsáveis pela implementação dos controles da seguinte forma: - Por *e-mail*: no mínimo 5 dias antes da data da reunião. - Por WhatsApp: 1 dia antes da reunião.	Consultoria

(continua)

Comunicação e consulta – Gerenciamento de riscos					
Etapa	**Público-alvo** (a quem se deve comunicar e/ou consultar)	**Canal**	**Frequência**	**Quando**	**Responsável pela consulta/divulgação**
	Comunicar: Aos demais servidores do órgão para internalização do processo de GR e à sociedade para conhecimento (divulgação somente de informações gerais).	**Internamente**: Intranet **Externamente**: Facebook, Instagram	Única	Após validação	Comunicação Setorial divulga as informações recebidas da Consultoria
Orientação para preenchimento dos relatórios de resultados e gerenciamento de riscos	**Comunicar**: Aos proprietários de risco.	Reunião	Conforme necessidade.	Sempre após a finalização da validação do plano de ação de uma área mapeada pela primeira vez ou na substituição do proprietário de riscos: - Por *e-mail*: no mínimo 5 dias antes da data da reunião. - Por WhatsApp: 1 dia antes da reunião.	Consultoria

(conclusão)

Comunicação e consulta – Gerenciamento de riscos					
Etapa	**Público-alvo** (a quem se deve comunicar e/ou consultar)	**Canal**	**Frequência**	**Quando**	**Responsável pela consulta/divulgação**
Reunião de monitoramento dos resultados e gerenciamento de riscos	**Comunicar**: - Aos proprietários de riscos. - Ao Comitê Setorial.	*E-mail*, WhatsApp.	Conforme definição da política da pasta.	- Por *e-mail*: no mínimo 5 dias antes da data da reunião. - Por WhatsApp: 1 dia antes da reunião.	Servidor ou setor do órgão responsável por secretariar as reuniões do Comitê, registrar em ata as respectivas pautas e deliberações (escritório de *compliance* do órgão ou equivalente).
Resultados positivos alcançados por meio da Gestão de Riscos	**Comunicar**: Aos demais servidores do órgão para elevar e estimular a cultura de GR e à sociedade para conhecimento.	**Internamente**: intranet; reuniões **Externamente**: Facebook; Instagram; *site*; processo no SEI (à Controladoria-Geral para conhecimento)	Conforme definição da política da pasta.	Após resultados positivos obtidos.	Comunicação Setorial (conteúdo a ser repassado pelo escritório de *compliance* do órgão ou equivalente, após aprovação pelo Comitê Setorial)

ESTABELECIMENTO DO ESCOPO, CONTEXTO E CRITÉRIOS

Modelo do documento Estabelecimento do escopo, contexto e critérios:

Controladoria-Geral do Estado
Programa de *Compliance* Público Eixo IV – Gestão de Riscos
Estabelecimento do escopo, contexto e critérios

Histórico de versões

Data	Versão	Descrição	Referência
xx/xx/202x	1		

1 Introdução

O presente trabalho tem como objetivo delimitar o escopo, conhecer o contexto e definir os critérios de riscos e, assim, personalizar o processo de gestão de riscos do(a) xxxxxxxx. Isso permitirá um processo de avaliação de riscos eficaz e um tratamento de riscos apropriado.

A delimitação do escopo deve ser clara, considerar os objetivos pertinentes e alinhá-los aos objetivos organizacionais.

Os contextos externo e interno são o ambiente no qual a organização busca atingir seus objetivos, sendo conveniente que sejam estabelecidos a partir da compreensão dos ambientes externo e interno nos quais a organização opera, refletindo o ambiente específico da atividade ao qual o processo de gestão de riscos é aplicado.

Na definição dos critérios de riscos devem ser considerados a natureza e o tipo de incertezas que podem afetar os resultados e objetivos (tangíveis e intangíveis); como as consequências e as probabilidades serão definidas e medidas; fatores relacionados ao tempo; como o nível de risco será medido; como as combinações e sequências de múltiplos riscos serão levadas em consideração; e a capacidade da organização.

Ressalta-se que o processo de gestão de riscos a ser implementado foi definido com base no Processo de Gestão de Riscos sugerido pela norma ISO 31000:2018 – Princípios e Diretrizes da Gestão de Riscos.

Com a publicação da Portaria nº xxxx2019-xxx, instituiu-se a Política de Gestão de Riscos do(a) xxxxxxxx, tendo como objetivo o estabelecimento dos princípios, das diretrizes, das responsabilidades e do processo de gestão de riscos nas unidades do(a) xxxx com vistas à incorporação da análise de riscos à tomada de decisão, em conformidade com as boas práticas de governança adotadas no setor público.

Para a gestão da implantação em nível estratégico foi instituído, através da Portaria nº 0xx/2019-xxx, o Comitê Setorial de Compliance Público do(a) xxxxx.

A implantação da Gestão de Riscos tem previsão no Decreto nº 9.406/2019, que instituiu, no âmbito do Poder Público do Estado de Goiás, o Programa de *Compliance* Público, tendo estabelecido no seu art. 3º, inc. IV, a gestão de riscos como um dos seus eixos.

2 Definindo o escopo

O escopo da gestão de riscos no âmbito do(a) (*nome do* órgão) será a atividade/área "..............", conforme definido pelo Comitê Setorial de *Compliance* por meio do (*citar o documento*).

Espera-se que com o gerenciamento de Riscos sejam alcançados os seguintes resultados: ....

Na definição do escopo (*aqui citar possíveis inclusões e exclusões específicas* – *às vezes é importante deixar claro também o que "não é escopo"; ex.: na definição do escopo "Atendimento do Detran" não está incluído o atendimento feito pelas Unidades Vapt Vupt, por serem ligadas à Secretaria de Administração – SEAD).*

2.1 Ambiente específico do escopo – Contexto interno e externo

A compreensão dos ambientes interno e externo deve refletir o ambiente específico da atividade e/ou área relacionada ao escopo definido pelo Comitê Setorial de *Compliance*, ou seja: "..............". Portanto, segue a análise dos ambientes.

2.1.1 Entendendo o contexto interno

a) Relacionar a área/atividade do *escopo* a um ou mais objetivos estratégicos (planejamento estratégico e/ou do PPA), no caso de haver ligação direta, e/ou sobre as competências/finalidades do órgão previstas em legislação.

b) Discorrer sobre a estrutura organizacional na qual o escopo está inserido (ex.: papéis e responsabilizações delineados nos regulamentos, leis, regimentos internos, somente em relação à área/atividade do escopo, não falar sobre toda a estrutura organizacional) etc.

c) Normas e legislações a serem observadas pela área/atividade do *escopo*.

d) Capacidades entendidas (quantas pessoas trabalham na área/atividade do *escopo*, disponibilidade de dados e sistemas, recursos orçamentários e financeiros disponíveis, infraestrutura disponível).

e) Se houver processo mapeado em relação à área/atividade do *escopo*, inseri-lo neste item.

f) Relacionamento com partes internas para obtenção de resultado (ex.: interdependências com outras gerências).

2.1.2 Entendendo o contexto externo

a) Descrever quais são os *stakeholders* externos (partes interessadas) relacionados à área/atividade do *escopo*.

b) Descrever *fatores econômicos, financeiros* e *tecnológicos* que possam influenciar a área/atividade do *escopo*, se for o caso.

c) Descrever possíveis reclamações da sociedade feitas por meio da Ouvidoria, em relação à área/atividade do *escopo*.

d) Descrever resultado/recomendações de inspeções/auditorias realizadas ligadas ao *escopo*.

e) Fatos políticos, jurídicos e regulatórios que tenham/terão influência em relação ao *escopo* (ex.: mudanças de governo, legislação, política pública).

f) Fatores ambientais, se for o caso (ex.: emissões de dejetos, energia, desastres naturais, desenvolvimento sustentável etc.).

2.2 Ambiente específico do escopo – Análise SWOT

A análise SWOT pode ser utilizada para qualquer tipo de análise de cenário, sendo um sistema simples destinado a posicionar ou verificar a posição estratégica da área/atividade analisada no ambiente em questão.

Sinteticamente, são analisadas as seguintes características, todas relacionadas somente ao *escopo* definido:

- forças – vantagens internas;
- fraquezas – desvantagens internas;
- oportunidades – aspectos externos positivos que podem potencializar os resultados da área/atividade;
- ameaças – aspectos externos negativos que podem pôr em risco os resultados da área/atividade.

Diante das informações descritas na contextualização do escopo, foi possível elaborar uma análise por meio da Matriz SWOT, a seguir detalhada:

Tabela 1 – Matriz SWOT

	AMBIENTE INTERNO		
PONTOS POSITIVOS	FORÇAS	FRAQUEZAS	PONTOS NEGATIVOS
	OPORTUNIDADES	AMEAÇAS	
	AMBIENTE EXTERNO		

3 Grau de maturidade em relação à gestão de riscos

O grau de maturidade em relação à gestão de riscos reflete o nível de desenvolvimento do órgão/entidade em termos de estrutura, cultura e instrumentos para identificar, analisar e tratar riscos. Essa aferição deve ser realizada periodicamente com o fim de averiguar e acompanhar a internalização da gestão de riscos pela entidade.

O intuito dessa avaliação é conhecer a realidade atual do órgão/entidade e propor melhorias nos processos associados à gestão de riscos. Portanto, trata-se de instrumento informacional e que apoia a entidade nas decisões relativas à sua estrutura para gerenciar riscos, garantindo a otimização no uso de seus recursos e nos serviços prestados.

O(a) (nome do órgão/entidade), com base nos formulários respondidos pelas diversas unidades, está atualmente com o nível de maturidade ...., que o(a) classifica no grau de maturidade "..............".

Tabela 2 – Graus de maturidade

TABELA GRAU DE MATURIDADE		
NÍVEL	**CLASSE**	**DEFINIÇÃO**
1	INGÊNUO	Nenhuma **abordagem formal** desenvolvida para a Gestão de Riscos.
2	CONSCIENTE	Abordagem para a Gestão de Riscos **dispersa em "silos"**.
3	DEFINIDO	**Estratégia e políticas implementadas e comunicadas. Apetite** por risco **definido.**
4	GERENCIADO	Abordagem corporativa para a Gestão de Riscos **desenvolvida** e comunicada.
5	HABILITADO	Gestão de Riscos e controles internos **totalmente incorporados** às operações.

O grau de maturidade do(a) foi validado pelo Comitê Setorial de *Compliance* Público do(a) xxxxx, no dia ___/____/______.

4 Definição dos critérios de risco

O(a) (nome do órgão/entidade), com base na avaliação de maturidade realizada em xxxxx, está atualmente com o nível de maturidade ...., que o(a) classifica no grau de maturidade "..............".

Dado o grau de maturidade da gestão de risco do(a) (nome do órgão/entidade), serão adotados inicialmente critérios de risco qualitativos. O intuito é que sejam utilizados critérios condizentes com o estágio atual de consciência ao risco e paulatinamente sejam feitas evoluções nos critérios adotados.

Os critérios de probabilidades e impactos para mensuração do nível do risco serão os seguintes.

4.1 Critérios de probabilidade

Critério	Peso	Descrição
Raro	1	O evento pode ter acontecido anteriormente na organização ou em organizações similares. Entretanto, na ausência de outras informações ou circunstâncias excepcionais, não seria esperado que ocorresse na organização no futuro próximo. O evento pode ocorrer apenas em circunstâncias muito excepcionais. Ficaria surpreso se o evento ocorresse.
Improvável	2	O evento não ocorre de maneira frequente na organização ou organizações similares. Os controles atuais e as circunstâncias sugerem que a ocorrência seria considerada altamente não usual. O evento pode ocorrer em algum momento, mas é improvável.
Possível	3	O evento pode ter ocorrido ocasionalmente na organização ou em organizações similares. Os controles atuais ou as circunstâncias sugerem que há uma possibilidade plausível de ocorrência. O evento provavelmente ocorrerá em algumas circunstâncias.
Provável	4	O evento pode ocorrer regularmente na organização ou organizações similares. Com os controles atuais ou circunstâncias, pode-se esperar que ocorra ao longo de 1 ano. O evento provavelmente ocorrerá na maioria das circunstâncias.
Quase certo	5	O evento ocorre frequentemente na organização ou com os controles ou circunstâncias espera-se sua ocorrência. É esperado que o evento ocorra na maioria das circunstâncias.

4.2 Critérios de impacto

Critério	Peso	Descrição
Desprezível	1	O impacto do evento nos objetivos/resultados é insignificante, estando adstrito a procedimentos de determinado setor ou unidade.
Menor	2	O impacto do evento nos objetivos/resultados é pequeno, mas afeta de certa forma os procedimentos de determinada área ou setor, influenciando os resultados obtidos.
Moderado	4	O impacto do evento nos objetivos/resultados é médio e tem capacidade de afetar áreas ou unidades isoladas.
Maior	8	O impacto do evento sobre os objetivos/resultados da organização é de gravidade elevada, envolvendo áreas inteiras do órgão e/ou seu conjunto e é de difícil reversão.
Catastrófico	16	O impacto do evento sobre os objetivos/resultados da organização tem potencial desestruturante sobre todo o órgão e é irreversível.

4.3 Matriz de nível de risco

Impacto							
Impacto	16	**Catastrófico**	Alto	Extremo	Extremo	Extremo	Extremo
Impacto	8	**Maior**	Médio	Alto	Alto	Extremo	Extremo
Impacto	4	**Moderado**	Baixo	Médio	Alto	Alto	Alto
Impacto	2	**Menor**	Baixo	Baixo	Médio	Médio	Alto
Impacto	1	**Desprezível**	Baixo	Baixo	Baixo	Baixo	Médio
	PESO	**PESO**	**Raro**	**Improvável**	**Possível**	**Provável**	**Quase certo**
			1	2	3	4	5
			Probabilidade				

Nível	Faixa
Baixo	1 a 4
Médio	5 a 9
Alto	10 a 30
Extremo	31 a 80

4.4 Apetite a risco e tolerância a risco

A organização deverá ter de forma clara e objetiva o seu apetite a risco[1] e a tolerância ao risco[2] durante o processo de gerenciamento de riscos, podendo esses critérios ser reavaliados ao longo do processo.

O apetite a risco define o nível de risco que a organização está disposta a aceitar na busca e na realização da sua missão, e é fundamental para priorizar riscos, bem como selecionar respostas a riscos, devendo estar alinhado aos valores e objetivos estratégicos da instituição. Ele pode ser único para toda a organização ou variar em função de critérios definidos ou do tipo de risco.

A tabela a seguir é um modelo para definir parâmetros relativos ao nível de risco que deverá receber ações de controle e qual é a tolerância aceitável para a organização.

---

1 Apetite ao risco corresponde à quantidade e tipo de riscos que a organização está preparada para buscar, reter ou assumir (Guia 73).

2 Tolerância ao risco é a disposição da organização em suportar o risco após a implantação do tratamento (Guia 73).

Apetite da organização: baixo

Nível de risco	Aceitação do risco	Tratamento do risco	Acompanhamento do gerenciamento do risco	Tolerância ao risco
Extremo	Inaceitável	Garantir que ações de controle sejam *imediatamente* implantadas, sem prejuízo do aprimoramento das ações de controle existentes, visando à redução do nível de risco. As ações de controle deverão ser sempre priorizadas em relação às demais ações de controle.	Comitê Setorial.	Nível de risco absolutamente intolerável.
Alto	Inaceitável	Garantir que ações de controle sejam implantadas, sem prejuízo do aprimoramento das ações de controle existentes, visando à redução do nível risco, sempre que possível. As ações de controle deverão ser sempre priorizadas em relação àquelas dos riscos classificados no nível médio.	Comitê Setorial.	Nível de risco intolerável, em regra, excepcionando os casos em que a redução do nível do risco é impraticável ou seu custo é desproporcional à melhoria obtida.
Médio	Inaceitável	Aprimorar as ações de controle existentes e/ou implementar ações complementares para tratar o risco residual, visando reduzir o nível do risco para o apetite definido.	Superintendente ou diretor da área.	Nível de risco *tolerável* se o custo da redução exceder a melhoria obtida.
Baixo	Aceitável	Manter as medidas de proteção existentes. Esse nível de risco deve ser monitorado, com vistas a verificar a manutenção do risco no nível baixo.	Proprietário do risco.	Não se aplica. Nível de risco dentro do apetite definido.

5 Identificação dos níveis de autoridade e responsabilidade

No que diz respeito ao gerenciamento de riscos, diretrizes, responsabilidades e processo de gestão estão definidos através de portaria de gestão de riscos, Portaria nº XXXX. A criação do Comitê Setorial do Programa de *Compliance* Público foi realizada pela Portaria nº XXXXX e estabeleceu a sua composição, operação e competências. A criação da Secretaria Executiva se deu pela Portaria nº XXXXX.

As responsabilidades sobre os riscos, assim como sobre os controles a serem instituídos, serão determinadas pelo plano de ação, que será elaborado após a finalização da matriz de riscos.

Goiânia, ____de ________ de 2022.

Comitê Setorial do Programa de Compliance Público – xxxxxxx

PLANO DE AÇÃO (PROJETO)

Modelo do plano de ação (projeto) para implantação da ação de controle:

<table>
<tr><td colspan="11">Plano de ação para implantação de nova ação de controle (projeto)</td></tr>
<tr><td>{ID do risco}</td><td colspan="10">{Nome do risco}</td></tr>
<tr><td>{ID da ação}</td><td colspan="10">{Nome da ação}</td></tr>
<tr><td rowspan="3">O quê? (What)</td><td rowspan="3">Por quê? (Why)</td><td rowspan="3">Como fazer? (How) (descrição das etapas)</td><td colspan="4">Quando? (When)</td><td rowspan="3">Quem é o responsável? (Who) (unidade/e-mail)</td><td rowspan="3">Custo? (How much)</td><td rowspan="3">Produto(s) (o que será entregue para viabilizar a ação)</td><td rowspan="3">Observação</td></tr>
<tr><td colspan="2">Previsão</td><td colspan="2">Realização</td></tr>
<tr><td>Início</td><td>Fim</td><td>Início</td><td>Fim</td></tr>
<tr><td rowspan="4"></td><td rowspan="4"></td><td></td><td></td><td></td><td></td><td></td><td></td><td></td><td rowspan="4"></td><td></td></tr>
<tr><td></td><td></td><td></td><td></td><td></td><td></td><td></td><td></td></tr>
<tr><td></td><td></td><td></td><td></td><td></td><td></td><td></td><td></td></tr>
<tr><td></td><td></td><td></td><td></td><td></td><td></td><td></td><td></td></tr>
</table>

ANEXO VIII

REGISTRO DA AÇÃO DE CONTROLE (PROCESSO)

Modelo para registro da execução da ação de controle existente ou implantada (processo):

Ação de controle existente (processo)								
{ID do risco}	{Nome do risco}							
{ID da ação}	{Nome da ação}							
O que é?	Por que é feito?	Como é feito?	Quando foi implementado?	Quem é o responsável? (unidade/e-mail)	Custo da execução?	Indicador (como o resultado é mensurado)	Meta (resultado que se pretende alcançar)	Observação

FLUXOGRAMA COMPLETO

A imagem pode ser mais bem visualizada clicando no *link* https://drive.google.com/file/d/12Vy48FXcY1XoMnIddJcLCMFk7b1QCKWS/view?usp=sharing.

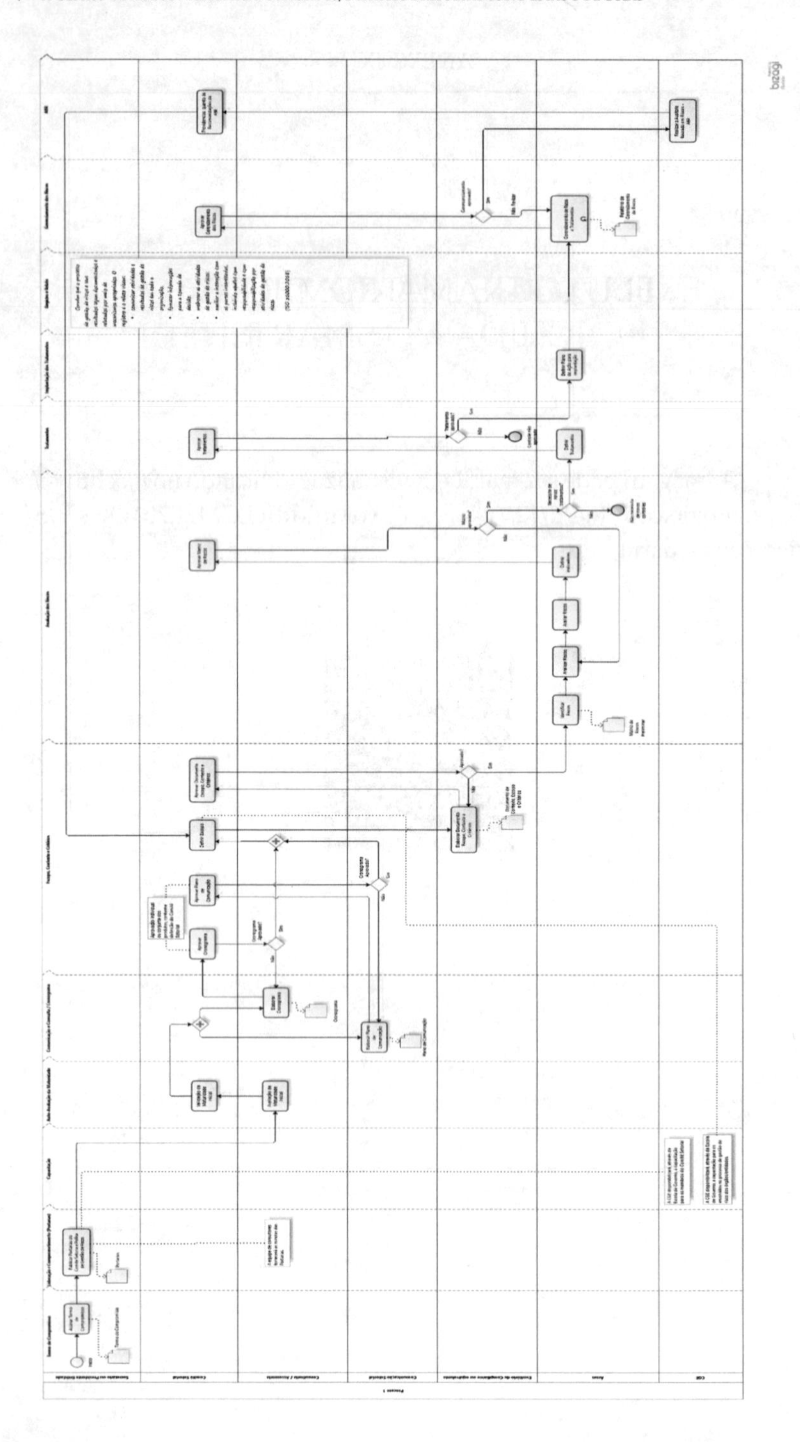

EXEMPLO DE MATRIZ DE RISCOS PREENCHIDA NO SMARTSHEET

ID	Risco / Controle	Área / Processo (Escopo)	Objetivo	Data da Identif.	Proprietário do Risco	Categoria do Risco	Causas	Consequências	Efetividade dos Controles Existentes	Probabilidade	Impacto	Nível de Risco	Resposta ao Risco	Descrição do Indicador para Monitoramento	Meta para o Indicador	Risco-Chave?	Risco de Integridade?	Fisc. de Contratos?	E-mail do(s) Responsável(is)	Aprov.?
	◄ Modelos e Orientações																			
	◄ Arquivos Gerais da Planilha																			
	Superintendência de Gestão Integrada / Gerência de Compras Governamentais																			
1	Morosidade na instrução/conclusão do processo de aquisição	Licitações	Melhoria dos procedimentos para as compras governamentais	07/07/20	Gerente de Compras Governamentais	De Conformidade	1 - Instrução processual deficiente: a) Falta de atenção/qualificação dos servidores envolvidos no processo; b) Urgência na aquisição/contratação; c) Falta de check-lists específicos para cada procedimento; 2 - Objeto da licitação mal especificado: a) Falta de atenção/qualificação da área requisitante na elaboração do termo de referência; b) Estudo prévio sobre as especificidades do objeto realizado de forma superficial; 3 - Termo de Referência mal elaborado: a) Desconhecimento do objeto; b) Estudo prévio sobre as especificidades do objeto realizado de forma superficial; c) Inexistência de Termo de Referência a ser utilizado como padrão; 4 - Obrigatoriedade de todos os processos que geram despesas serem encaminhados à Câmara de Gestão de Gastos, conforme o Decreto nº 9.649/20, sendo que os processos de valores superiores à R$ 2.000.000,00 ainda são encaminhados para análise da CGE, aumentando assim o tempo de tramitação processual;	Ficar sem o objeto ou a prestação de serviço essencial ao adequado funcionamento da pasta;	Mediano	Possível	Moderado	Alto	Reduzir	Prazo médio de tramitação processual	Pregão Eletrônico: 120 dias, havendo contrato; 95 dias, se não houver. Dispensa (Compra Direta): 60 dias. Dispensa Locação de Imóvel: 80 dias. Adesão à Ata de Registro de Preços: 70 dias. Inexigibilidade: 80 dias Contratação decorrente de participação em registro de preços: 70 dias. Dispensa por outros motivos: 80 dias. Aditivos contratuais: 60 dias. Apostilamento: 30 dias.	Não	Não	Sim	fulanodetal@goias.go.gov.br	✔
2	Revisão periódica do check list aprovado quando necessário																		fulanodetal@goias.go.gov.br	✔
3	Análise sistemática da utilização do check-list e do Termo de Referência Padrão pelas áreas																		fulanodetal@goias.go.gov.br	✔
4	Aumento/capacitação da equipe de licitação (projeto)																		fulanodetal@goias.go.gov.br	✔
5	Monitorar a adequação da quantidade de servidores na equipe em relação à quantidade de processos																		fulanodetal@goias.go.gov.br	✔
6	Capacitação Contínua dos Gestores de Contratos, principalmente na EGOV																		fulanodetal@goias.go.gov.br	✔
7	Capacitação Contínua da equipe da Gerência de Compras Governamentais, principalmente na EGOV																		fulanodetal@goias.go.gov.br	✔

ID	Risco / Controle	Ações ▸	Ação Ataca Causa / Consequência	Andamento da Ação	Data Prevista da Implantação	Result. Posit. ▸	Resultados Positivos	Economia Gerada (R$)	Nível Inicial ▸	Probabilidade INICIAL	Impacto INICIAL	Nível de Risco INICIAL	Aprov.? INICIAL	2Q20 ▸	Nº de vezes que o Risco se Materializou (2Q20)	Falhas de Controle / Observações (2Q20)	Alterações dos Controles (2Q20)	Efetividade dos Controles ATUAL (2Q20)	Probabilidade ATUAL (2Q20)	Impacto ATUAL (2Q20)	Nível de Risco ATUAL (2Q20)	Indicador de Monitoram. do Risco (2Q20)	Aprov.? (2Q20)
	◂ Modelos e Orientações																						
	◂ Arquivos Gerais da Planilha																						
	Superintendência de Gestão Integrada																						
1	Morosidade na instrução/conclusão do processo de aquisição						Ainda não foi possível mensurar.			Possível	Moderado	Alto	✔		80% dos processos	Processo está passando mais tempo em outros órgãos em decorrência das autorizações exigidas (Decreto 9649/20,Resolução 01 da Câmara de Gestão de Gastos) do que percorrendo o seu fluxo normal Termo de Referência mal elaborado Estimativa de custos mal elaborada Grande quantidade de processos que retomam indevidamente à Gerência ao invés de ser encaminhado à área correta; Dificuldade em conseguir número de vagas razoáveis para treinar os servidores em Termo de Referência e Gestão de Contratos, nas últimas turmas da Egov foram disponibilizadas 1 (uma) vaga em cada turma para o Detran;	Nenhuma alteração proposta	Mediano	Possível	Moderado	Alto	Pregão Eletrônico: 210 dias. Dispensa (Compra Direta): 76 dias. Dispensa Locação de Imóvel: 283 dias. Adesão à Ata de Registro de Preços: 70 dias. Inexigibilidade: 80 dias Contratação decorrente de participação em registro de preços: 70 dias. Dispensa por outros motivos: 80 dias. Aditivos contratuais: 60 dias. Apostilamento: 30 dias.	✔
2	Revisão periódica do check list aprovado quando necessário		Causa	Implantado	04/10/2019								✔										
3	Análise sistemática da utilização do check-list e do Termo de Referência Padrão pelas áreas		Causa	Implantado	04/10/19								✔										
4	Aumento/capacitação da equipe de licitação (projeto)		Causa	Implantado	01/07/20								✔										
5	Monitorar a adequação da quantidade de servidores na equipe em relação à quantidade de processos		Causa	Implantado	01/07/20								✔										
6	Capacitação Contínua dos Gestores de Contratos, principalmente na EGOV		Causa	Implantado	30/10/19								✔										
7	Capacitação Contínua da equipe da Gerência de Compras Governamentais, principalmente na EGOV		Causa	Implantado	07/09/20								✔										

ANEXO XI

Link para os vídeos dos resultados positivos já alcançados através da gestão de riscos: https://www.youtube.com/watch?v=jt349OPxPGg&list=PL_SWrAsXzoZV6V_UzQkQmyw8m6p_JmBy9

Esta obra foi composta em fonte Palatino Linotype, corpo 10
e impressa em papel Pólen Bold 70g (miolo) e Supremo 250g (capa)
pela Gráfica Formato.